Tubes – Die köstliche Wildkräuterküche

Gisela Tubes

Die köstliche Wildkräuterküche

Gesundes aus Natur und Garten

Quelle & Meyer Verlag Wiebelsheim

Die Angaben in diesem Buch sind von der Autorin und dem Verlag sorgfältig erwogen und geprüft, dennoch kann keine Garantie übernommen werden. Eine Haftung der Autorin bzw. des Verlags und seiner Beauftragten für Personen-, Sach- und Vermögensschäden ist ausgeschlossen.

Bibliografische Information der Deutschen Nationalbibliothek
Die Deutsche Nationalbibliothek verzeichnet diese Publikation in der Deutschen Nationalbibliografie; detaillierte bibliografische Daten sind im Internet über http://dnb.d-nb.de abrufbar.

Die Vorauflage erschien unter dem Titel „Die schmackhafte Wildkräuterküche. Köstliches aus Natur und Garten".

www.quelle-meyer.de

Alle Fotos stammen von der Autorin
Druck und Verarbeitung: Belvédère Print & Packaging B.V., Niederlande
Printed in the EU/Imprimé en Europe
ISBN 978-3-494-01924-6

Inhaltsverzeichnis

Einführung

Der Anbau von Salat und Gemüse im eigenen Garten, wie auch das Anlegen von dekorativen Zierrabatten, ist wieder in. Lästige Beikräuter, auch „Unkräuter" genannt, werden gezupft, gerupft, ausgestochen und auf den Komposthaufen geworfen oder mit der grünen Tonne entsorgt. So entsteht zwar wieder wertvoller Kompost mit hochwertigen Nährstoffen, aber viele dieser Wildpflanzen sind essbar und lassen sich in unseren Speiseplan einbauen. Warum sollen wir nicht das essen, was uns unsere heimische Natur an essbaren Kräutern zu bieten hat!

Heimische Wildpflanzen haben seit Anbeginn der Geschichte eine große Rolle im Leben des Menschen gespielt. Sie waren über Millionen von Jahren neben dem jagdbaren Wild unsere Nahrungsquelle. Auch die heilsamen Wirkungen der Wildpflanzen machten wir uns mit der Zeit zunutze.
Die Natur bietet ein überschwängliches Angebot an essbaren Wildpflanzen. Das Wissen darüber, was unsere heimische Natur in dieser Hinsicht zu bieten hat, ist im Laufe der letzten Jahrhunderte jedoch weitgehend verloren gegangen. Auch Misstrauen gegenüber möglichen Belastungen durch Hundekot, Autoabgase und Pestizide hält viele Menschen davon ab, Wildpflanzen in der freien Natur zu sammeln. Dagegen wissen wir, welchen Beeinträchtigungen Wildpflanzen im eigenen Garten ausgesetzt sind – wir haben es selbst in der Hand.

Wer einmal eine Handvoll frische Wildpflanzen unter einen herkömmlichen Salat gemischt und gekostet hat, wird schnell auf den Geschmack kommen. Einige bunte, essbare Blütenblätter obenauf lassen auch das Auge mitessen. So wird ein langweiliger Salat zu einem sinnlichen Geschmackserlebnis. Schon kleine Beigaben von Wildkräutern zu herkömmlichen Rezepten machen diese schmackhafter und häufig auch gesünder, denn viele Wildkräuter weisen ein Mehrfaches an Mineralstoffen, Spurenelementen und Vitaminen auf als unsere Kulturpflanzen.

Inhaltsstoffe	Wasser %	Kalium mg/100g	Phosphor mg/100g	Magnesium mg/100g	Calcium mg/100g	Eisen mg/100g	Vitamin C mg/100g	Provit. A Mikrogr./100g	Rein-Eiweiß g/100g
Wildgemüse									
Brennnessel	84,8	410	105	71	630	7,8	333	740	5,9
Löwenzahn	89,9	590	68	23	50	1,2	115		3,3
Vogelmiere	91,5	680	54	39	80	8,4	115	383	1,5
Kulturgemüse									
Endiviensalat	94,3	346	54	10	54	1,4	10	190	0,5
Kopfsalat	95,0	224	33	11	37	1,1	13	130	0,6
Spinat	91,6	633	55	58	126	4,1	52	700	2,5

Quelle: **Wildgemüse** (Nr. 1182), herausgegeben von aid–Infodienst, Bonn, 1982. Auszug.

Sammeln und Zubereiten

Das Sammeln von zum Verzehr bestimmten Wildpflanzen setzt gute Artenkenntnis voraus. Neben essbaren gibt es in unserer heimischen Pflanzenwelt auch zahlreiche unbekömmliche, sowie giftige bis hoch giftige Pflanzenarten. Bestimmungsbücher stehen hilfreich zur Seite; vielerorts angebotene Kräuterwanderungen von Fachleuten bieten ebenfalls Unterstützung.

Beim Sammeln von Wildpflanzen sind folgende Punkte zu beachten:

- Nur Pflanzen verwerten, die eindeutig bestimmt sind!
- Möglichst junge, frische und unbeschädigte Pflanzen sammeln!
- Tageszeit und Wetter spielen eine wichtige Rolle. Es empfiehlt sich, Blätter und Triebe im Laufe des Vormittags nach dem Abtrocknen des Taus zu sammeln, Blüten mittags!
- Zum Transport Körbe, Papiertüten oder Stoffbeutel verwenden! In Plastiktüten „schwitzen" die Pflanzen. Blüten werden in einer Dose transportiert, die mit einem feuchten Küchentuch ausgelegt sind!
- In der Natur nur so viel Pflanzenmaterial sammeln, wie verbraucht werden soll.
- In der Natur nur dort sammeln, wo mehrere Exemplare vorhanden sind. Einen Teil der einzelnen Exemplare oder des Bestandes stehen lassen, damit die Pflanzen sich regenerieren können.

- In der Natur nicht alle Samen oder Früchte einer Pflanze absammeln, damit die Vermehrung gesichert ist. Außerdem stehen sie bei vielen unserer heimischen Tiere auf dem Speiseplan.
- In der Natur den Standort der Pflanze möglichst schonend behandeln - andere Pflanzen nicht zertreten, durch das Graben von Wurzeln entstandene Löcher wieder zuschütten.
- Wegen der Abgasbelastung nicht an den Rändern viel befahrener Straßen sammeln.
- Orte, an denen mit Pestiziden oder Herbiziden gearbeitet wird besser meiden.
- Gegebenenfalls eine Erlaubnis beim Landwirt oder Förster einholen.
- Nicht in Naturschutzgebieten sammeln!

Beim Zubereiten der Wildpflanzen sind folgende Punkte zu beachten:

- Wildkräuter werden möglichst gleich verbraucht. Sie können auch im Kühlschrank gelagert werden. Einige lassen sich einfrieren.
- Viele Wildkräuter weisen einen leicht bitteren (verdauungsfördernden) Geschmack auf. Um sich daran zu gewöhnen, sollten zu Beginn nur kleine Mengen eingesetzt werden, zum Beispiel klein geschnitten als Beigabe zu Salat, Gemüse oder Suppen. Mit der Zeit werden die Mengen je nach Geschmack vergrößert.
- Milde Zutaten wie Obst, Rosinen oder auch Nüsse und Sonnenblumenkerne können den zunächst ungewohnten, leicht bitteren Geschmack ausgleichen.
- Auch das Auge isst mit! Essbare Blüten verwandeln viele Gerichte zum wahren Augenschmaus!

Hinweise zur Benutzung des Buches

Beschreibung der Pflanzenarten

Das vorliegende Buch beinhaltet Rezepte mit 22 essbaren, heimischen Wildkräutern, die auch im Garten häufig zu finden sind. Die Pflanzenarten sind nach dem jahreszeitlichen Erscheinen geordnet (siehe auch Kalender der Sammelzeiten S. 172). Text und Fotos stellen die Arten vor und erleichtern ein sicheres Bestimmen sowie den weiteren Umgang beim Verwerten in der Küche.
Auf eine kurze allgemeine Beschreibung der Pflanzenart folgen Angaben zum Vorkommen in der Natur und im Garten. Es wird die Blütezeit und bei Verwendung der Früchte auch die Fruchtreife angegeben; Blüten und gegebenenfalls die Früchte werden beschrieben und Sammelmonate aufgeführt. Sammelhinweise informieren über das Sammelgut, den Geschmack und auch über die Besonderheiten, die beim Sammeln der jeweiligen Pflanze beachtet werden sollten. Ein weiterer Punkt listet auf, wie das Sammelgut in der Küche zur Weiterverarbeitung Verwendung findet. Hinweise zur Verarbeitung werden aufgelistet. Kurze Anmerkungen geben Auskunft über heilwirksame Inhaltsstoffe der Pflanzen. Anwendungen obliegen jedoch der Verantwortung des Lesers; die Autorin und der Verlag weisen Schadensersatzansprüche von vornherein ab. Unbedingt beachtet werden sollte der Punkt „Wichtig", bei dem es unter anderem um Angaben zu eventuellen Unverträglichkeiten oder Verwechslungsmöglichkeiten mit giftigen Pflanzenarten geht.

Bei Allergikern und anderweitig gesundheitlich vorbelasteten Personen wie auch Schwangeren, Stillenden und Kindern ist eine besondere Umsicht mit der Verwendung von Wildpflanzen geboten. Reaktion und Verträglichkeit der Inhaltsstoffe der Pflanzen sind individuell unterschiedlich und sollten bedacht werden. Unter Umständen ist ärztlicher Rat einzuholen.

Rezepte

- Die einfachen Rezepte sollen Lust darauf machen, Wildkräuter auf den Tisch zu bringen. Auf den Einsatz von dominanten Küchengewürzen wurde weitgehend verzichtet, da der Eigengeschmack des Sammelgutes im Vordergrund steht. Da sind der Experimentierfreudigkeit jedes Einzelnen keine Grenzen gesetzt.
- Die Autorin behält sich vor, Rezepte, die mehr als fünf Silben aufweisen, zur besseren Übersicht mit Bindestrichen zu versehen. So

heißt es zum Beispiel nicht Kartoffelwildkräuteraufstrich, sondern Kartoffel-Wildkräuter-Aufstrich.

- Beim Einlegen von Kräutern in Essig oder Öl wie auch in Alkohol ist darauf zu achten, dass die Pflanzenteile immer mit Flüssigkeit bedeckt sind, da sie ansonsten schimmeln. Vor dem Verbrauch werden die Pflanzenteile aus den Gefäßen entfernt. Bei Pestos wird nach jeder Entnahme etwas Öl nachgegossen.
- Die Angaben zur Backtemperatur beziehen sich auf Einstellungen bei Ober- und Unterhitze des Backofens.
- Für die Zubereitung von Smoothies oder Shakes sind Mixgeräte mit hoher Leistung (1000 Watt) erfolgreicher als normale Pürierstäbe, um die faserreichen Zutaten der Wildkräuter sowie härteres Obst und Gemüse gut zerkleinern zu können.
- Die Autorin hat die Rezepte nach besten Wissen und Gewissen zusammengestellt und ausprobiert. Manch einem Anwender mögen die nicht immer exakt auf 4 Personen ausgerichteten Mengenangaben einiger Rezepte zu ungenau sein. Da bittet die Hobbyköchin um Nachsicht.

Die Rezepte sind bei jeder Pflanzenart nach der gleichen Reihenfolge aufgelistet:

- Herzhafte Aufstriche, Pestos, Soßen, Ölansätze, Würzsalz und Co.
- Salate, Suppen, kleine Speisen
- Hauptgerichte und Beilagen
- Süße Aufstriche, Desserts und Co.
- Alkoholfreie Getränke
- Alkoholhaltige Getränke

In den beiden Registern am Ende des Buches lassen sich Rezepte zum einen nach bestimmten Pflanzenarten suchen, zum anderen nach Art der Speisen und Getränke.
Eine Tabelle zeigt die Sammelzeiten im Laufe des Jahres an, gegliedert nach Blättern und Trieben, Blüten, Früchten und Samen sowie Wurzeln und anderen unterirdischen Pflanzenteilen.

Verwendete Abkürzungen:

- TL = Teelöffel
- EL = Esslöffel
- l = Liter
- ml = 1 Milliliter (0,001 l)

Vogelmiere

Hühnerdarm
Stellaria media
Nelkengewächs

Die Vogelmiere ist einjährig und bildet mit ihren meist stark verzweigten Stängeln lockere, rasenartige Bestände. Sie wurzelt an kriechenden Stängelknoten. Werden die einreihig behaarten Stängel auseinandergezogen, bleiben die zentralen Leitbündel, die für die Wasser- und Nährstoffversorgung der Pflanze verantwortlich sind, wie ein darmähnlicher Strang stehen. Die kleinen, eiförmigen Blättchen sind gegenständig, das heißt, sie sitzen sich am Stängel gegenüber.
Aufgrund der Schnellwüchsigkeit ist die Vogelmiere in der Lage, jährlich 5 bis 6 Generationen auszubilden. Die sternförmigen, kleinen, weißen Blüten sind unscheinbar und etwas kürzer als die spitzen Kelchblätter.

Vorkommen Auf Äckern, Brach- und Schuttflächen und an Wegrändern; vor allem in der Nähe menschlicher Siedlungen. Auf nährstoffreichen, frischen, humushaltigen Böden, Stickstoffzeiger.

Im Garten Unter der Hecke, in Stauden-, vor allem in Gemüsebeeten, in der Nähe des Kompostes und in anderen „wilden Ecken". Im Rasen kommt es aufgrund der Mahd meist nicht zur Ausbildung von Blüten- und Fruchtständen. Bei Gärtnern ist die Vogelmiere nicht unbeliebt, da sie im Sommer den Boden feucht hält und ihn im Winter deckt.

Blütezeit März bis Oktober, in milden Wintern auch ganzjährig. Kleine weiße Blüten mit 5 Kronblättern, die fast bis zum Grund geteilt sind, violette Staubbeutel.

Sammelhinweis Ganze Pflanze, bis auf die Wurzeln, von März bis Oktober, in milden Wintern auch ganzjährig. Sehr dicke Stängel werden nicht geerntet; zum Rohverzehr die bis 10 cm langen Triebenden sammeln. Blüten, Blätter und Stängel können verarbeitet werden; der Geschmack ist mild, salatähnlich, etwas an Mais erinnernd.
An schattigen und halbschattigen Standorten wachsen kräftigere, schmackhaftere Pflanzen als an sonnigen.

Verwertung Roh als Beigabe zu Salaten, Kräuterbutter und -quark. Gegart als Beigabe zu Gemüse und Suppen.

Verarbeitungshinweis Aufgrund der harten, darmähnlichen Leitbündel in den Stielen sollte die Pflanze bei der Verarbeitung in mundgerechte Stücke geschnitten oder gezupft werden.

Gesundheit Die Vogelmiere weist zahlreiche wertvolle Mineralstoffe und Vitamine auf, zum Beispiel viel Vitamin C.

Wichtig Nicht mit dem ähnlich aussehenden, giftigen Acker-Gauchheil verwechseln! Dieser tritt jedoch meist einzeln auf und blüht in der Regel rot, selten auch bläulich.

Wildkräuterbutter

Zutaten

1 Handvoll Wildkräuter der Saison (Vogelmiere, Brennnessel, Giersch, Löwenzahn, Sauerampfer, etwas Gundermann …)
250 g zimmerwarme Butter
Salz und Pfeffer

Kräuter waschen, trocken tupfen und unter die Butter mengen. Mit Salz und Pfeffer abschmecken. Als Brotaufstrich und zum Würzen von Soßen und Suppen verwenden.
Wildkräuterbutter auf Pergamentpapier geben, zu einer Rolle formen, einwickeln, kühlen und bei Bedarf Scheiben davon abschneiden.
Die Butter lässt sich auch einfrieren.

Tipp

1 Knoblauchzehe fein hacken und untermengen.

Wildkräuter-Grünkerncreme

Wildkräuter waschen, trocken tupfen und hacken. Zwiebel fein würfeln, Knoblauchzehen pressen. Grünkern in der Gemüsebrühe kurz aufkochen. Topf vom Herd nehmen und die Masse einige Minuten quellen lassen. Butter, Öl und Senf mit dem Grünkern zu einer Creme verrühren. Knoblauch, Zwiebeln und Wildkräuter zugeben und unterrühren. Mit Salz, Pfeffer und Muskat pikant abschmecken. Als Brotaufstrich verwenden und mit Blüten von Wildpflanzen der Saison, wie zum Beispiel Taubnesselblüten, verzieren.

Zutaten

2 Handvoll Wildpflanzen der Saison (Vogelmiere, Sauerampfer, Giersch, Brennnessel, Löwenzahn, Taubnessel …)
100 g fein geschroteter Grünkern
200 ml Gemüsebrühe
100 g zimmerwarme Butter
3 EL Olivenöl
1 TL Senf
1 Zwiebel
2 Knoblauchzehen
Salz und Pfeffer
Muskat

Quarkbrot mit Tomate und Vogelmiere

Zutaten

Vogelmiere
1 Scheibe Vollkornbrot
Tomate
Quark
Salz und Pfeffer

Brotscheibe mit Quark bestreichen, mit Tomatenscheiben belegen und mit Salz und Pfeffer würzen. Mit Vogelmiere anrichten.

Tipp

Mit etwas Zitronensaft beträufeln.

Vogelmieren-Salat mit Äpfe

Zutaten

150 g Vogelmiere
2 kleine, säuerliche Äpfel
1 kleine Schalotte
4 EL Pflanzenöl
3 EL Apfel- oder Weißweinessig
1 TL mittelscharfer Senf
1 TL Honig
Salz und Pfeffer

Vogelmiere waschen, trocken tupfen und mit der Schere etwas klein schneiden. Äpfel waschen, entkernen und würfeln. Schalotte fein hacken. Öl, Essig und Honig miteinander vermengen und mit Salz und Pfeffer abschmecken. Vogelmiere und Apfelstückchen miteinander vermengen. Marinade über den Salat geben und servieren.

Tipp

2 EL gehackte Walnüsse über den Salat streuen.

Salat mit Vogelmiere

Salat waschen und trocken schleudern. Vogelmiere waschen, trocken schleudern und mit einer Schere oder einem Messer grob schneiden, um die darmähnlichen Leitbündel zu zerkleinern. Kopfsalat mit Vogelmiere vermengen. Aus den übrigen Zutaten eine Salatsoße herstellen und über den Salat geben.

Zutaten

1 kleine Schüssel Vogelmiere
1 großer Kopf Salat
1 kleine Zwiebel
5 El Öl
3–4 EL Weißweinessig
1 Becher Sahne
Salz und Pfeffer
1 TL Zucker

Vogelmieren-Suppe

Zutaten

4 Handvoll Vogelmiere
1 Zwiebel
3 gekochte Kartoffeln
1 Knoblauchzehe
250 ml Wasser
250 ml Milch
Olivenöl
Salz

In einem Topf Olivenöl erhitzen und die gehackte Zwiebel und die gehackte Knoblauchzehe darin glasig dünsten. Kartoffeln klein schneiden und zusammen mit Milch, Wasser und gehackter Vogelmiere zu den Zwiebeln geben. Die Masse pürieren und vorsichtig erhitzen. Nicht aufkochen lassen! Mit Salz abschmecken.

Pellkartoffeln mit Wildkräuterdip

Zutaten

2 Handvoll Triebe der Vogelmiere und 1 Handvoll Blätter anderer Wildkräuter der Saison (Brennnessel, Löwenzahn, Sauerampfer, Spitzwegerich, etwas Gundermann …)
1 Becher Schmand
1 Becher Joghurt
2 EL Olivenöl
1 Schalotte
1 Knoblauchzehe
Salz und Pfeffer
Pellkartoffeln

Kräuter waschen, trocken tupfen und fein hacken. Schalotte und Knoblauch fein hacken. Schmand, Joghurt und Olivenöl cremig schlagen. Kräuter, Zwiebel und Knoblauch untermischen und mit Salz und Pfeffer abschmecken. Kartoffeln waschen, kochen und mit dem Dip servieren.

Kartoffelsalat mit Wildkräutersoße

Frühlingskräuter waschen, trocken tupfen und sehr fein hacken. Zwiebel fein hacken. Öl und Essig verrühren, Zwiebeln und Kräuter zugeben und mit Salz und Pfeffer abschmecken.
Kartoffeln in Scheiben schneiden, in eine Schüssel geben und mit der Soße gut vermengen.

Tipp

Auch mit lauwarmen Kartoffeln sehr schmackhaft.

Zutaten

3 Handvoll Frühlingskräuter (Vogelmiere, Brennnessel, Scharbockskraut, Knoblauchsrauke, Löwenzahn, Sauerampfer, Spitzwegerich …)
1 kleine Zwiebel
4–5 EL Olivenöl
2 EL weißer Balsamicoessig
Salz und Pfeffer
750 g gekochte, abgekühlte Kartoffeln

Vogelmiere-Apfelsaft-Smoothie

Vogelmiere waschen, etwas zerkleinern und mit dem Apfelsaft mixen.
Schnell gemacht! Lecker und gesund! Vitamin-C-Bombe!

Zutaten

2 große Handvoll Vogelmiere
200 ml Apfelsaft

Vogelmieren-Smoothie

Vogelmiere und Sauerampfer waschen, klein schneiden und mit etwas Buttermilch mixen. Restliche Buttermilch, Mineralwasser und Zitronensaft zugeben und genießen.

Tipp

Zitronensaft und Mineralwasser durch Zitronensprudel ersetzen.

Zutaten

1 Handvoll Vogelmiere
einige Blätter Sauerampfer
200 ml Buttermilch
200 ml Mineralwasser mit Kohlensäure
Saft von einer Zitrone

Löwenzahn

Gemeiner Löwenzahn, Gewöhnliche Kuhblume
Taraxacum officinale
Korbblütler

Der mehrjährige Löwenzahn ist eine wintergrüne Rosettenpflanze mit grob gezähnten Blättern, die an ein Löwengebiss erinnern. Während tief in den Boden hinein kräftige Pfahlwurzeln reichen, sprießen aus der Rosettenmitte auf hohlen, Milchsaft führenden, bis 25 cm hohen Stängeln einzelne, gelbe Blütenköpfchen in die Höhe. Sie bestehen aus bis zu 200 Zungenblüten und entwickeln sich zur Fruchtreife zu den allgemein bekannten Pusteblumen. Die Blütenköpfchen sind nur bei sonnigem Wetter geöffnet. Mit kleinen Fallschirmchen versehen, lassen sich die Samen vom Wind an neue Standorte treiben.

Vorkommen Auf Wiesen und Weiden, Äckern und Schuttstellen. Auf nährstoffreichen, meist tiefgründigen Böden.

Im Garten Im Rasen, zwischen Pflasterritzen oder in „wilden Ecken“. Eine Blütenbildung hängt von der Häufigkeit der Mahd ab.

Blütezeit März bis Mai. Blütenköpfchen mit gelben Zungenblüten.

Sammelhinweis Junge Blätter aus der Rosettenmitte von März bis September, vor allem aber im Frühjahr; bitterer Geschmack, nach der Blüte verstärkt bitter und Blätter unterschiedlich stark bitter. Wird auf eine junge Löwenzahnpflanze ein lichtundurchlässiger Topf gestellt, können später bleiche Blätter mit mildem Geschmack geerntet werden.
Blütenknospen von März bis Mai. Blüten von März bis Mai, bei trockenem, sonnigen Wetter, bevorzugt am späten Vormittag pflücken; süßlicher Geschmack. Beim Sammeln sollten in der Mitte des Köpfchens einige Blüten noch geschlossen sein (kleiner Kegel). Wurzeln von September bis März.

Verwertung Junge Blätter als Beigabe zu Salaten und Suppen. Blütenknospen als Kapernersatz oder in Butter gebraten als Gemüsebeilage. Blüten als essbare Dekoration und zur Herstellung von Löwenzahnblüten-Gelee, Tee, Likör, Wein oder Sirup. Wurzeln als Wurzelgemüse oder Ersatzkaffee.

Verarbeitungshinweis Die Blätter vor dem Genuss zum Entbittern etwa eine Stunde in leicht gesalzenes Wasser einlegen oder die Pflanze bevorzugt mit anderen, milder schmeckenden Zutaten verarbeiten.

Gesundheit Der Löwenzahn wirkt blutbildend, blutreinigend und vor allem harntreibend (Bettseicher). Er enthält reichlich Bitterstoffe. Tief eingekerbte Blätter sollen am heilwirksamsten sein. Die inulinreiche Wurzel ist vor allem für Diabetiker interessant.

Wichtig Manche Menschen reagieren allergisch auf den Milchsaft der Stängel. Für Kinder ist er ungesund.

Löwenzahn-Butter

Zutaten

10 Löwenzahnblütenköpfe
10 junge Löwenzahnblätter
250 g zimmerwarme Butter
1 EL Rapsöl
Salz und Pfeffer
1 Prise Zucker
Zitronensaft

Blütenblätter von den Blütenköpfen zupfen und fein hacken. Blätter vom Löwenzahn waschen, trocken tupfen und fein hacken. Butter und Öl vermengen. Blätter und Blüten mit einer Gabel in die Butter rühren. Mit Salz, Pfeffer, Zucker und einigen Tropfen Zitronensaft abschmecken.

Löwenzahn-Butter mit Parmesan

Löwenzahn waschen, trocken tupfen und fein hacken. Butter mit Parmesan vermengen. Zuletzt die Kräuter untermengen und sparsam mit Salz und Pfeffer abschmecken.

Zutaten

1 Handvoll Löwenzahnblätter
250 g zimmerwarme Butter
50 g geriebener Parmesan
Salz und Pfeffer

Wildkräuteröl

Die Kräuter waschen, vorsichtig trocken tupfen. Kräuter in ein Glasgefäß mit Schraubverschluss füllen (etwa bis zur Hälfte). Gefäß mit Rapsöl bis oben hin auffüllen und auf einer hellen Fensterbank (nicht in der prallen Sonne) etwa 4 Wochen ziehen lassen. Öl abseihen und in kleine Flaschen füllen. Das Wildkräuteröl als Salatöl verwenden.
Wildkräuteröl hält sich etwa 3 Monate im Kühlschrank.

Zutaten

1 kleine Schüssel Wildkräuter der Saison (Löwenzahn, Brennnesseln, Spitzwegerich, Giersch, Sauerampfer, Schafgarbe …)
einige Salbeiblättchen
kalt gepresstes Rapsöl

Tipps

Wildkräuter können auch fein gehackt und mit Öl vermengt zum sofortigen Einsatz als Wildkräuteröl verwendet werden.
Eine weitere Variante ist das Pürieren der Kräuter in Öl. Wird nur ein Kraut genommen, wird dessen einzigartiges Aroma hervorgehoben.

Champignon-Löwenzahn-Aufstrich

Zutaten

5 Löwenzahnblätter
100 g braune oder weiße Champignons
1 Knoblauchzehe
6 Walnusshälften
Olivenöl
Salz und Pfeffer

Löwenzahnblätter waschen, trocken tupfen und fein hacken. Champignons putzen und fein würfeln. Knoblauchzehe und Walnüsse hacken. Champignons und Knoblauch in Öl andünsten und so lange rühren, bis die Flüssigkeit aus den Pilzen verdampft ist. Pilze abkühlen lassen, mit den anderen Zutaten vermengen und mit Salz und Pfeffer abschmecken. Dazu passt ein kräftiges Vollkornbrot.

Kartoffel-Wildkräuter-Aufstrich

Zutaten

1 Handvoll Blätter und Blüten von Wildkräutern der Saison (Löwenzahn, Springkraut, Sauerampfer, Brennnessel, Vogelmiere …)
100 g Crème fraîche
200 g gekochte Kartoffeln
100 g zimmerwarme Butter
Salz und Pfeffer
1 Prise Muskat

Kräuter waschen und klein schneiden. Kartoffeln, schälen, weich kochen und stampfen. Crème fraîche und Butter untermengen, zuletzt die Kräuter. Mit Salz, Pfeffer und Muskat abschmecken und mit Blüten von Wildkräutern der Saison verzieren.

Tipp

Besonders schmackhaft mit fein geschnittenen Bärlauchblättern oder einer fein gehackten Knoblauchzehe.

Löwenzahn-Salat mit gehackten Walnüssen

Löwenzahnblätter, Champignons, Tomaten und Eier klein schneiden und mit den gehackten Walnusskernen vermengen. Knoblauchzehe pressen. Aus den restlichen Zutaten eine Marinade zubereiten und über den Salat gießen. Sehr lecker und gesund!

Zutaten

1 kleine Schüssel Löwenzahnblätter
2 Tassen klein geschnittene Champignons
4 Tomaten
3 hart gekochte Eier
1 Tasse Walnusskerne
Olivenöl
Saft einer Zitrone
1 Knoblauchzehe
1 TL Honig oder Löwenzahnblüten-Sirup
Salz und Pfeffer

Warmer Kartoffelsalat mit Wildkräutern

Wildkräuter waschen, trocken tupfen und hacken. Kartoffeln kochen, pellen und sofort in Scheiben schneiden. Mit Essig und heißer Gemüsebrühe übergießen und im Backofen warm halten. Zwiebel in feine Würfel schneiden und zu den Kartoffeln geben.

Speck würfeln, in Öl goldbraun braten und mit Pfeffer und Salz vorsichtig unter die Kartoffeln heben. Noch etwa 15 Minuten durchziehen lassen.

Kurz vor dem Anrichten Kräuter über den Salat streuen und locker unterheben.

Zutaten

1 kleine Schüssel Löwenzahn, gemischt mit anderen Wildkräutern der Saison
1 kg festkochende Kartoffeln
6 EL Weißweinessig
125 ml Gemüsebrühe
1 Zwiebel
100 g durchwachsener Speck
Öl
Salz und Pfeffer

Löwenzahnblüten-Gelee

Löwenzahnblüten aus den Köpfchen zupfen und mit dem Wasser etwa 5 Minuten kochen. Einen Tag ruhen lassen und dann den Saft abseihen. Die Flüssigkeit mit dem Zitronensaft und dem Gelierzucker nach Anleitung des Geliermittels zu Gelee einkochen. Heiß in Gläser füllen.

Zutaten

200 g Löwenzahnblüten (Blüten von etwa 200 Köpfchen)
1 l Wasser
Saft einer Zitrone
1 kg Gelierzucker

Löwenzahnblüten-Sirup

Zutaten

4 Handvoll ganze Blütenköpfchen vom Löwenzahn (in der Mitte des Köpfchens sollte noch ein kleines kegelförmiges Hütchen vorhanden sein)
1 l Wasser
1 kg weißer oder brauner Zucker
Saft einer Zitrone

Blütenköpfchen mit 1 Liter Wasser kurz aufkochen und über Nacht ziehen lassen. Am nächsten Tag die Flüssigkeit abseihen, Zucker und Zitronensaft hinzufügen und so lange im offenen Topf auf kleiner Flamme einkochen, bis eine sirupartige Masse entsteht (etwa 2–3 Stunden). Probe wie bei Marmelade!
Sirup in Gläser füllen. Zum Süßen von Tee und Speisen oder als Brotaufstrich verwenden.

Tipp

Vorsicht! Durch das Abkühlen wird die Masse fester! Sollte der Sirup zu flüssig geworden sein, die Masse noch einmal erwärmen und weiter einkochen. Sollte die Masse zu fest sein, etwas Wasser zufügen und noch einmal kurz aufkochen.

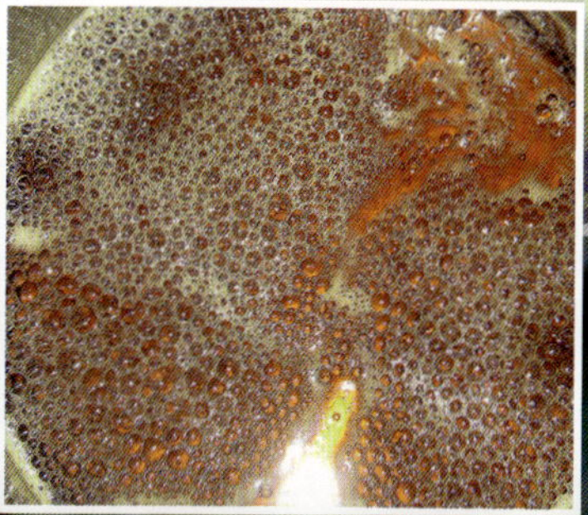

Löwenzahn-Brennnesseltrank

Zutaten

4–5 Löwenzahnblätter
1 Handvoll Brennnessel-blätter
1 Banane
1 Apfel
½ Birne
Saft einer halben Zitrone
etwa 100 ml Wasser
Mineralwasser

Löwenzahn- und Brennnesselblätter waschen und grob schneiden. Banane schälen und in Scheiben schneiden. Apfel und Birne waschen, entkernen und grob schneiden. Alle Zutaten mit den Kräutern und dem Wasser mixen. Nach Belieben mit Mineralwasser auffüllen und genießen.

Tipp

Gern dürfen auch mehr Löwenzahnblätter verarbeitet werden! Bitter im Mund, dem Magen gesund!

Löwenzahn-Frühjahrstrank

Zutaten

10–15 Löwenzahnblätter
1 Apfel
250 ml Buttermilch
Löwenzahnblütensirup oder Honig

Löwenzahnblätter waschen und grob hacken. Apfel klein schneiden. Löwenzahn, Apfel und Buttermilch im Mixer pürieren und mit Löwenzahnblütensirup oder Honig abschmecken.

Wildkräuter-Smoothie

Wildkräuter waschen, grob zerkleinern und mit Wasser oder Fruchtsaft im Mixer pürieren. Nach Bedarf süßen. Schnell gemacht! Lecker und gesund.

Tipps

Zum Süßen des Getränkes können 1–2 Datteln ohne Kern oder Feigen mitpüriert werden.
Zugaben von 1 EL Mandelmus oder einem Stückchen Ingwer bringen bei einer Frühjahrskur Abwechslung in das Rezept.

Zutaten

1 Handvoll Wildkräuter der Saison (Löwenzahn, Brennnessel, Giersch, Sauerampfer …)
Wasser oder Fruchtsaft (zum Beispiel Apfelsaft)
Honig oder Löwenzahnblüten-Sirup

Löwenzahn-Schnaps

Zutaten

etwa 20 bis 30 Blütenköpfchen vom Löwenzahn
500 ml Doppelkorn
200 g Kandiszucker

Gelbe Zungenblüten (ohne grüne Kelche) aus den Köpfchen zupfen und mit dem Schnaps und dem Kandis in ein durchsichtiges Glas mit Schraubverschluss füllen. Einige Wochen stehen lassen, dann durch einen Kaffeefilter abseihen.

Gundermann

Gundelrebe
Glechoma hederacea
Lippenblütler

Im Frühjahr erscheinen beim Gundermann zunächst bis zu 15 cm hohe Triebe. An vierkantigen Stängeln mit gegenständigen Blättern sitzen in den Blattachseln hellblaue bis violette Blüten. 2 bis 3 Blüten mit farblichen Markierungen sitzen jeweils in den Blattachseln. Nach der Blütezeit entwickeln sich oberirdische, an den Knoten wurzelnde Ausläufer, die über einen Meter lang werden können und über den Boden kriechen. Daher wird die Pflanze auch Gundelrebe genannt. Rege oberirdische wie auch unterirdische Ausläuferbildungen tragen zu großflächiger Ausbreitung bei.
Die gegenständigen, nierenförmigen Blätter sind von starken Blattadern durchzogen, weisen einen gekerbten Blattrand und beim Zerreiben einen intensiven, aromatischen Geruch auf. Die Pflanze ist manchmal rötlich überlaufen.

Vorkommen Auf Wiesen und Weiden, in Wäldern, in Bruch- und Auenwäldern und unter Hecken und Zäunen. Auf nährstoffreichen, feuchten Böden.

Im Garten Unter Gehölzen, in Staudenbeeten, im Rasen, zwischen Pflasterritzen, in der Nähe des Kompostes oder in anderen „wilden Ecken".

Blütezeit Mai bis Juni. Hellblaue bis violette Lippenblüten mit auffälligen, dunklen Saftmalen.

Sammelhinweis Blätter und junge Triebe vor allem von März bis Juni, ansonsten Blätter fast ganzjährig; intensiver, herber Geschmack, nicht jedermanns Sache. Blüten von Mai bis Juli.

Verwertung Blätter aufgrund des intensiven Geschmacks lediglich zum Würzen verwendbar. Als Würze für Suppen, Gemüse, Salate oder Kräuterquark. Klein geschnittene Blätter können auf ein Butterbrot gestreut werden. Gundermann passt gut zu Gurkengerichten. Auch getrocknet verwendbar; Blätter lassen sich unbearbeitet einfrieren. Blüten als essbare Dekoration für Salate und Süßspeisen.

Verarbeitungshinweis In erster Linie ein Würzkraut.

Gesundheit Der Gundermann weist ätherische Öle auf, die verdauungsfördernd und schleimlösend wirken.

Gundermann-Würzsalz

Zutaten

1 EL getrocknetes Gundermannkraut
4 EL grobes Meersalz oder normales Haushaltssalz

Blühende Triebe vom Gundermann trocknen, möglichst fein mit dem Wiegemesser zerkleinern und mit dem Salz vermengen. Größere Mengen können mit einer Küchenmaschine hergestellt werden. Wird das Kraut mit dem Salz zusammen im Mörser zerstoßen, entsteht ein Kräutersalz mit pulveriger Konsistenz.
In einem dunklen Glas mit Schraubverschluss oder einem Salzstreuer aufbewahren. Zum Würzen von Suppen, Fleisch, Kräuterquark, vor allem von Eierspeisen, Gurkengerichten und Kartoffelsalat geeignet.

Tipp

Alternativ kann fein gehacktes, frisches Kraut zunächst mit dem Salz im Mörser oder mit der Küchenmaschine vermengt und dann bei etwa 30 bis 40 °C im Backofen getrocknet werden. Dabei die Backofentür mit einem eingeklemmten Holzlöffel einen Spalt geöffnet lassen.

Frischkäse-Gurken-Aufstrich mit Gundermann

Gundermanntriebe waschen, trocken tupfen und fein hacken. Die halbe Gurke schälen, längs halbieren und mit einem Löffel die Kerne herausschaben. Die Gurke grob raspeln oder fein würfeln. Alle Zutaten miteinander vermengen und mit Salz und Pfeffer abschmecken. Als Brotaufstrich oder zu Pellkartoffeln.

Zutaten

2 Triebe vom Gundermann
½ Salatgurke
150 g körniger Frischkäse
Salz und Pfeffer

Kalte Wildkräuter-Gurkensuppe

Zutaten

1 Handvoll Wildkräuter der Saison
400 g Salatgurke
500 ml Buttermilch
Salz und Pfeffer
2 Tomaten und Gurkenscheiben zum Verzieren
Gundermannblättchen und -blüten

Gurke in grobe Stücke schneiden. Wildkräu ter waschen und etwas klein schneiden. Gurk und Kräuter mit der Buttermilch mixen un mit Salz und Pfeffer abschmecken. Tomate und Gurkenscheiben in feine Würfel schnei den und in die angerichtete Suppe streuen. Mi Gundermannblättern und -blüten dekorieren

Tipp

Der Geschmack vom Gundermann harmo niert gut mit dem der Gurke. Trotzdem spar sam damit würzen!

Gundermann-Schokoblätter

Zutaten

Gundermannblätter (mit Stiel)
Zartbitterschokolade

Zartbitterschokolade im Wasserbad schmelzen. Frische Blätter vom Gundermann mit einem kleinen Pinsel mit Schokolade bestreichen. Dabei die Blätter an den Stielen festhalten. Schokoblätter auf Pergamentpapier legen und trocknen lassen.

After-Eight-Ersatz! Als Dekoration für Nachspeisen und Torten verwenden oder einfach so knabbern.

Gundermann-Apfelkompott

Äpfel schälen, entkernen, klein schneiden und mit Zitronensaft in etwas Wasser weich kochen. Kräuter waschen, fein hacken und unter das Kompott rühren. Mit Honig abschmecken. Lauwarm oder kalt servieren.

Zutaten

2 Triebe Gundermann
1 kg säuerliche Äpfel
Saft einer Zitrone
etwas Wasser
einige Blätter von Minze und Zitronenmelisse
1–2 EL Honig

Kräuterlimonade mit Gundermann

Zutaten

3–4 Stängel Gundermann
einige Stängel Minze und/oder Melisse
1 l klarer Apfelsaft
Saft einer halben Zitrone

Kräuter in den Apfelsaft geben und kräftig quetschen. Über Nacht im Kühlschrank ziehen lassen. Vor dem Servieren Kräuter herausnehmen. Zitronensaft und einige frische Kräutertriebe zur Dekoration zugeben.

Tipp

Ein Stängel Gundermann aromatisiert auch ein Glas mit Sprudelwasser.

Ehrenpreis

Persischer Ehrenpreis
Veronica persica
Braunwurzgewächs

Das Persische Ehrenpreis ist ursprünglich in unseren Breiten nicht heimisch. Es stammt aus dem Südwesten Asiens und wurde um 1800 über Botanische Gärten eingeschleppt. Von dort aus hat sich das einjährige Kraut in die freie Natur ausgebreitet.

Der behaarte Stängel des einjährigen Krautes kriecht niederliegend über den Boden. Bewurzeln tut er sich jedoch nicht. Die kleinen Blätter sind länger als breit, grob gezähnt und zerstreut behaart. In den Blattwinkeln sitzen einzeln die kleinen, himmelblauen Blüten an langen Stielen. Sie weisen dunkle Streifen auf und häufig ist der untere, kleinere Kronzipfel heller als die anderen. Die Frucht ist spärlich drüsenhaarig.

In unseren Gärten sind verwandte, ähnlich aussehende Ehrenpreisarten zu finden, wie zum Beispiel der Faden-Ehrenpreis (*Veronica filiformis*). Dieser siedelt sich mit Vorliebe im Rasen an. Die Blüten aller Ehrenpreisarten sind essbar.

Vorkommen Auf Äckern, an Wegrändern und in kurzlebigen Wildkrautfluren. Auf nährstoffreichen Böden, Stickstoffzeiger.

Im Garten Im Rasen und auf der Wiese, in Stauden- und Gemüsebeeten.

Blütezeit Februar bis September. Kleine, himmelblaue Blüten auf langen Blütenstielen.

Sammelhinweis Blüten von Februar bis September.

Verwertung Blüten als essbare Dekoration.

Blütentraum

Zutaten

Blüten der Saison (Ehrenpreis, Taubnessel, Gänseblümchen, Gundermann, Braunelle …)
Sahneschnitte

Schlichte Sahneschnitten oder selbst gemachte Obsttorten lassen sich mit einigen Blüten heimischer Pflanzen traumhaft verzieren!

Scharbockskraut

Feigwurz
Ranunculus ficaria
Hahnenfußgewächs

Das Scharbockskraut ist ein 5 bis 20 cm hoher Frühlingsblüher mit rundlichen, herz-nierenförmigen, lang gestielten, glänzenden Blättern. Häufig wächst es unter Gehölzen, aber auch in Wiesen ist es zu finden. Meist bildet es großflächige, bodendeckende Teppiche aus.
Die Pflanze nutzt die Zeit, in der Bäume und Sträucher noch unbelaubt sind, zum Blühen und Fruchten. Setzt die Belaubung der Gehölze ein, zieht die Pflanze ihre Nährstoffe in unterirdische Wurzelknollen ein; sie treibt im nächsten Frühjahr wieder aus.
In den Achseln der unteren Blätter entstehen etwa getreidekorngroße, weiße Brutknöllchen, die sogenannten Bulbillen, aus denen neue Pflanzen wachsen können. Die Vermehrung über Samen erfolgt eher selten.

Vorkommen Vor allem in krautreichen Wäldern, in Hecken und Säumen und an Bachufern. Auf nährstoffreichen, feuchten Böden.

Im Garten Unter Gehölzbeständen wie Bäumen, Gebüschen und Hecken.

Blütezeit April bis Mai. Goldgelbe, glänzende, sternförmige Blüten.

Sammelhinweis Ganz junge Blätter vor der Blüte von März bis April; Geschmack leicht scharf und etwas säuerlich. Blütenknospen im April.

Verwertung Blätter als Beigabe zu Salaten, Suppen, Smoothies, Kräuterquark oder Kartoffelsalat. Blütenknospen als Kapernersatz.

Gesundheit Das Scharbockskraut beinhaltet sehr viel Vitamin C.

Wichtig Während der Blütezeit weisen die Blätter das schwach giftige Protoanemonin auf, welches in größeren Mengen zu Vergiftungen führen kann. Auch wenn die Blättchen vor der Blütezeit geerntet werden können, nicht zu viel von diesem Kraut essen!

Quark mit Vitaminspritze

Zutaten

1 Handvoll Scharbockskrautblätter
250 g Quark
1 TL Zitronensaft
Salz und Pfeffer

Scharbockskrautblätter waschen, trocken tupfen und fein hacken. Quark mit Zitronensaft verrühren, Blätter zugeben und mit Salz und Pfeffer abschmecken. Zu Pellkartoffeln oder als Brotaufstrich.

Scharbockskraut-Kapern

Zutaten

Blütenknospen vom Scharbockskraut
Salz
Weißweinessig

Blütenknospen reichlich mit Salz bestreuen und einen Tag lang stehen lassen. Dann gut abspülen und trocken tupfen. In einen Topf geben und so viel Weißweinessig aufgießen, dass die Knospen bedeckt sind. Blütenknospen aufkochen, mehrmals darin aufwallen lassen und in keimfreie Schraubgläser füllen. Die Gläser kühl und dunkel aufbewahren.

Scharbockskraut-Möhren-Aufstrich

Scharbockskrautblätter waschen, trocken tupfen und fein hacken. Möhren schälen und fein raspeln. Zwiebel fein hacken. Alle Zutaten unter den Frischkäse mengen. Alternativ können alle Zutaten miteinander püriert werden. Nur bei Bedarf mit Salz und Pfeffer würzen. Schmackhafter Brotaufstrich!

Zutaten

1 Handvoll Scharbockskrautblätter
2 Möhren
175 g Frischkäse
1 kleine Zwiebel
Salz und Pfeffer

Scharbockskraut-Käsebrot

Zutaten

Scharbockskraut-blätter
Vollkornbrot
zimmerwarme Butter

Blätter waschen, trocken tupfen und in Streifen schneiden. Butterbrot mit den Scharbockskrautblätterstreifen belegen. Vitaminbombe pur!

Tipp

Auch auf einem Käsebrötchen sehr schmackhaft, zum Beispiel auf Gouda oder Frischkäse.

Vitamin-C-Fitnessgetränk mit Scharbockskraut

Blätter waschen und zunächst mit ein wenig Orangensaft mixen. Dann den Rest Orangensaft, die Buttermilch und den Zitronensaft zugeben, umrühren und genießen.

Tipp

Zitronensaft durch Zitronensprudel ersetzen – eine prickelnde Variante!

Zutaten

1 Handvoll frische Scharbockskrautblätter
250 ml Buttermilch
250 ml Orangensaft
1 Spritzer Zitronensaft

Giersch

Gewöhnlicher Giersch, Geißfuß
Aegopodium podagraria
Doldenblütler

Beim mehrjährigen Giersch treiben die Blätter einzeln aus dem Boden. „Mit drei mal drei ist Giersch dabei“: die Blattstiele sind dreikantig, die Fiederblätter sind dreiteilig, das oberste Fiederblatt ist meist dreiteilig eingeschnitten.
Die Blütenstängel mit den weißen Doldenblüten werden bis über 90 cm hoch. Die Verbreitung der Pflanze erfolgt nicht nur durch Samen, sondern auch lebhaft durch unterirdische, weiße Ausläufer (Rhizome).

Vorkommen An Hecken-, Wald- und Gebüschrändern. Auf nährstoffreichen, frischen bis feuchten, tiefgründigen Böden.

Im Garten Unter Gehölzen und in Staudenbeeten. Wo er einmal Fuß gefasst hat, breitet er sich schnell aus. Hacken belebt die Ausbreitungsfreude der Pflanze.

Blütezeit Juni bis Juli. Zusammengesetzte Dolden mit weißen Blüten.

Sammelhinweis Blätter von März bis Mai, nach Mahd und neuem Austrieb auch später noch; junge Blätter mit mildem Geschmack, ältere Blätter kräftiger, leicht nach Möhre und Petersilie schmeckend. Blütenknospen und junge Blüten von Juni bis Juli; leicht süßlich.

Verwertung Junge, zarte, kaum entfaltete Blätter mit Blattstielen roh als Beigabe zu Salaten; junge wie auch etwas ältere, schon entfaltete Blätter gekocht als spinatähnliches Gemüse, Beigabe für Aufläufe, Pfannkuchen und Suppen. In allen Rezepten mit Spinat lässt sich dieser durch junge Gierschblätter ersetzen. Wie Spinat lassen sich sowohl blanchierte Gierschblätter einfrieren als auch in Streifen geschnittene unbearbeitete Blätter. Gierschblätter harmonieren gut mit Brennnesselblättern. Ältere Blätter weisen einen petersilienartigen Geschmack auf und sind nur noch als Gewürz zu verwenden. Einzelne Blätter können in Teig ausgebacken werden. Gierschblätter als essbare Dekoration für kalte Platten und Büfetts. Blüten als essbare Dekoration verwendbar. Samen werden frisch oder getrocknet im Mörser zerkleinert und als Gewürz eingesetzt.

Gesundheit Der Giersch wird aufgrund seiner heilwirksamen Inhaltsstoffe als Gichtkraut bezeichnet. Er enthält eine Vielzahl von hochwertigen Mineralstoffen und Vitaminen.

Wichtig Beim Sammeln nicht mit verwandten, giftigen Doldenblütlern verwechseln. Dreikantiger Blattstängel und die typische Blattform sind jedoch eindeutige Kennzeichen.

Giersch-Cashew-Pesto

Zutaten

50 g Gierschblätter
1–2 Knoblauchzehen
50 g gesalzene und geröstete Cashewkerne
50 g geriebener Berg- oder Parmesankäse

Gierschblätter abspülen, trocken schütteln und fein schneiden. Die Cashewkerne grob hacken. Knoblauchzehen schälen und fein hacken. Käse hobeln. Nüsse und Knoblauch, Giersch und Käse mit dem Pürierstab zerkleinern. Dabei langsam Öl zugeben, bis eine streichfähige Konsistenz entsteht.

Tipp

Cashewkerne durch Walnüsse ersetzen. Auch sehr schmackhaft!

Wildkräuterpesto

Wildkräuter waschen, trocken tupfen und klein schneiden. Pinienkerne in der Pfanne ohne Fett rösten und erkalten lassen. Knoblauchzehe fein hacken. Alle Zutaten im Mixer mit so viel Olivenöl pürieren, dass eine cremige Masse entsteht. Mit Salz abschmecken. Zu Nudeln und Gemüse reichen oder als Brotaufstrich verwenden.

Zutaten

100 g Wildkräuter der Saison (Giersch, Brennnessel, Sauerampfer, Springkraut, Taubnessel, Gundermann …)
1 Knoblauchzehe
80 g Pinienkerne
50 g geriebener Parmesan
80–100 ml Olivenöl
Salz und Pfeffer

Wildkräutermayonnaise

Gehackte Wildkräuter unter die Mayonnaise rühren. Für Kartoffel- und Eiersalat und andere Gerichte geeignet.

Zutaten

5 EL gehackte Wildkräuter der Saison (Giersch, Brennnessel, Sauerampfer, Springkraut, Taubnessel, Gundermann …)
200 ml Mayonnaise

Giersch-Kartoffelsuppe

Zutaten

2 große Handvoll junge Gierschblätter
1 Zwiebel
1 Knoblauchzehe
Olivenöl
750 ml Gemüsebrühe
250 g mehligkochende Kartoffeln
Salz und Pfeffer
Muskat
1 TL Senf
Crème fraîche

Gierschblätter waschen und grob zerkleinern. Kartoffeln schälen und in kleine Würfel schneiden. Zwiebel und Knoblauch schälen, grob hacken und mit den Kartoffelwürfeln in Olivenöl leicht andünsten. Mit Gemüsebrühe aufgießen. Giersch grob hacken und zugeben. Suppe etwa 15 bis 20 Minuten kochen, bis die Kartoffeln weich sind. Senf zugeben. Suppe pürieren und mit fein gehackten Gierschblättern und einem Klecks Crème fraîche anrichten.

Tipps

Suppe mit einem Klecks Crème fraîche und Räucherlachsstreifen servieren.
Auch halb und halb mit Brennnesseltrieben sehr schmackhaft.

Blätterteig-Gierschtaschen

Zwiebel und Knoblauch hacken und in einer Pfanne mit etwas Öl kurz anbraten. Giersch zugeben und dünsten. Mit Salz und Pfeffer abschmecken.
Blätterteigplatten einmal durchschneiden, sodass Quadrate entstehen. Ein Stückchen Fetakäse auf jedes Quadrat legen und darauf das Gierschgemüse und einige Pinienkerne verteilen. Eigelb mit Milch verquirlen und damit die Ränder der Platten bestreichen. Die Platten zu dreieckigen Taschen klappen oder zu Röllchen einrollen. Ränder festdrücken. Taschen mit Eigelbmilchmischung bestreichen und im vorgeheizten Backofen ca. 20–25 Minuten backen.

Zutaten

etwa 150 g blanchierte, gut ausgedrückte Gierschblätter
1 kleine Zwiebel
1 Knoblauchzehe
Öl
Salz und Pfeffer
100 g Fetakäse
8 rechteckige Blätterteigplatten
1 Eigelb
2 EL Milch
1 Handvoll Pinienkerne

Gierschgemüse mit Rosinen und Pinienkernen

Zutaten

- 500 g Gierschblätter
- 2 Zwiebeln
- 2–3 Knoblauchzehen
- Butter
- Zitronensaft
- Salz und Pfeffer
- 1 Handvoll Rosinen
- 1 Handvoll Pinienkerne

Rosinen etwa 30 Minuten in lauwarmem Wasser einweichen, abgießen und abtropfen lassen. Pinienkerne in einer Pfanne ohne Fett leicht anrösten. Gierschblätter waschen, in kochendem Wasser etwa eine Minute blanchieren, herausnehmen, abtropfen lassen. Zwiebeln und Knoblauch pellen, klein hacken und in einer Pfanne mit Butter glasig dünsten. Giersch zugeben und bei milder Hitze dünsten, dabei mehrfach wenden, bis die Blätter weich sind. Mit Zitronensaft, Salz und Pfeffer abschmecken.
Rosinen und Pinienkerne unter das Gierschgemüse mischen und servieren.

Tipps

Rosinen nicht in Wasser, sondern in Rotwein einlegen.
Auch ohne Rosinen und Pinienkerne sehr schmackhaft.

Giersch-Brennnessel-Gemüse

Giersch- und Brennnesselblätter blanchieren, abtropfen lassen und mundgerecht zuschneiden. Zwiebeln und Knoblauch schälen, klein hacken und in Öl glasig dünsten. Blattmasse und Gemüsebrühe zugeben und nochmals 10 bis 15 Minuten dünsten, mehrfach wenden. Mit Salz und Pfeffer abschmecken und mit einem Schuss Sahne verfeinern.

Zutaten

300 g Gierschblätter
200 g junge Brennnesselblätter
1 Zwiebel
2 Knoblauchzehen
Öl
100 ml Gemüsebrühe
Salz und Pfeffer
Sahne

Wildkräuterreis

Zutaten

1 kleine Schüssel Wildkräuter (junge Gierschblätter, Löwenzahn, Vogelmiere, Wiesenschaumkraut, Gänseblümchen, Sauerampfer …)
250 g Naturreis
1 EL Butter
50 g Gouda oder Bergkäse

Reis nach Packungsanleitung kochen. Wildkräuter waschen, abtropfen lassen, fein hacken. Käse klein würfeln. Reis, Butter, Wildkräuter und Käsewürfel vermengen und zum Beispiel mit gedünstetem Gemüse servieren.

Tipp

Auch allein mit jungen Gierschblättern sehr schmackhaft.

Kartoffelgratin mit Wildkräutern

Kartoffeln in Salzwasser kochen, abschrecken, pellen und über Nacht im geschlossenen Topf ruhen lassen. Am nächsten Tag Kartoffelscheiben in eine Auflaufform schichten. Kräuter waschen, trocken tupfen und hacken. Eier und Sahne verquirlen, mit Salz, Pfeffer und Muskat würzen. Kräuter in die Eiermasse rühren und diese über die Kartoffeln gießen. Käse reiben und über den Auflauf streuen. Im vorgeheizten Backofen bei 220 °C 10 bis 15 Minuten überbacken.

Tipp

Kartoffelscheiben vor dem Einfüllen in die Auflaufform in Butter kross anbraten.

Zutaten

1 kleine Schüssel Wildkräuter (Giersch, Brennnessel, Löwenzahn, Sauerampfer, Spitzwegerich, Gänseblümchen …)
750 g festkochende Kartoffeln
4 Eier
100 ml Sahne
Salz und Pfeffer
Muskat
200 g alter Gouda

Rösti mit Giersch

Kartoffeln in Salzwasser kochen, abschrecken, pellen und über Nacht im geschlossenen Topf ruhen lassen. Am nächsten Tag grob raspeln.
Wildkräuter waschen, trocken tupfen und hacken. Knoblauch hacken, Speck würfeln. Kräuter und Knoblauch unter die Kartoffelmasse heben, mit Salz und Pfeffer würzen. Speck in einer Pfanne auslassen, Kartoffelmasse dazugeben und so lange unter Rühren anbraten, bis die Kartoffeln leicht braun sind. Dann die Masse zu einem Kuchen formen und von beiden Seiten goldbraun braten, dabei Kuchen mithilfe eines Tellers wenden.

Zutaten

2 Handvoll Giersch (und andere Wildkräuter der Saison)
750 g festkochende Kartoffeln
1 Knoblauchzehe
Salz und Pfeffer
100 g Schinkenspeck

Giersch-Smoothie

Zutaten

1 Handvoll junge Gierschblätter
1 Apfel
1 Banane
100 ml Kokosmilch
Wasser

Giersch waschen und grob schneiden. Apfel waschen, Kerngehäuse entfernen und in Stücke schneiden. Banane in Stücke schneiden. Giersch und Obst in den Mixer geben. Mit Kokosmilch und so viel Wasser aufgießen, dass die Früchte und Kräuter gerade bedeckt sind. Mixen, nach Belieben mit Mineralwasser verdünnen und genießen!

Giersch-Limonade

Zutaten

12 junge Gierschblätter
1 Gundermanntrieb
1 Trieb von Pfefferminze oder Zitronenmelisse
1 l Apfelsaft
Saft einer Zitrone
Mineralwasser mit Kohlensäure

Kräuter waschen, zu einem Sträußchen binden, in den Apfelsaft geben und einmal kräftig ausdrücken. Das Kraut sollte ganz von Flüssigkeit bedeckt sein. Einige Stunden kühl stellen und ziehen lassen. Zitronensaft zugeben und die Limonade mit Mineralwasser verdünnt genießen.

Brennnessel

Große Brennnessel
Urtica dioica
Brennnesselgewächs

Die Brennnessel ist eine mehrjährige, bis 1,50 m hoch werdende, kaum verzweigte Pflanze mit herzförmigen, grob gesägten Blättern. An den Blättern und Stängeln sitzen Brennhaare, die bei Berührung abbrechen und wie mit einer Injektionsnadel Brennsaft in die menschliche Haut spritzen; es bilden sich rötliche, brennende Pusteln. Die Pflanze ist zweihäusig, das heißt, männliche und weibliche Blüten sitzen auf verschiedenen Pflanzen. Für eine Ausbreitung trägt auch das tief in den Boden reichende Wurzelwerk mit seinen Ausläufern bei.

Vorkommen An Weg- und Waldrändern, Ufern und auf Brachland. Auf nährstoffreichen Böden, Stickstoffzeiger.

Im Garten An Zäunen, in „stillen Ecken“ wie zum Beispiel am Kompost und an solchen Orten, an denen die mehrjährige Pflanze den jährlichen Aktivitäten des gärtnernden Menschen nicht im Wege steht.

Blütezeit Juni bis September. Unscheinbare, kleine, grüne Blüten. Zweihäusig, männliche Blütenstände waagerecht stehend, weibliche Blütenstände hängend.

Fruchtreife August bis September. Kleine Nüsschen.

Sammelhinweis Triebspitzen, etwa oberste 3 bis 4 Blattpaare, möglichst von blütenlosen Trieben von März bis Juni, nach Mahd und neuem Austrieb auch später noch, fast ganzjährig; Geschmack ähnlich wie Spinat. Blüten von Juni bis September. Grüne und ausgereifte Samen von Juni bis September; nussiger Geschmack.

Verwertung Junge, zarte Blätter und oberste Triebspitzen roh, gekocht oder gebraten, als spinatartiges Gemüse, in Aufläufen, als Quichebelag. In allen Rezepten mit Spinat kann dieser durch junge Brennnesselblätter ersetzt werden; wie Spinat lassen sich blanchierte Brennnesselblätter einfrieren. Getrocknete Blätter für die Herstellung von Tee. Brennnesselblätter harmonieren gut mit Gierschblättern. Frische Blüten und noch grüne oder reife, leicht braune Samen unter Salate, Müsli oder Kräuterquark mischen. Reife Samen geröstet oder getrocknet als haltbarer, nussiger Würzstoff.

Verarbeitungshinweis Zum Zerstören der Nesselhaare Blätter und Triebspitzen kurz blanchieren (etwa 3 Sekunden) oder Sammelgut mit dem Nudelholz bearbeiten. Hitze und Druck zerstören die Nesselhaare.

Gesundheit Die Brennnessel enthält eine Vielzahl an hochwertigen Inhaltsstoffen, wie Mineralstoffe (viel Eisen), und Vitamine (viel Vitamin C und Provitamin A). Sie wirkt entgiftend, blutreinigend und harntreibend.

Wichtig Beim Sammeln wegen der „Verbrennungsgefahr“ Handschuhe tragen, vor allem Allergiker. Rohverzehr nur nach Zerstörung der Brennhaare!

Wildkräutersalz

Zutaten

einige Triebe oder Blätter der verschiedensten Wildkräuter (Brennnessel, Gundermann, Schafgarbe, Sauerampfer, Gartenkresse, Knoblauchsrauke, Spitzwegerich, Günsel …)
grobes Meersalz oder normales Haushaltssalz

Bei der Zubereitung von Kräutersalz gilt allgemein die Faustregel: 1 Drittel Kräuter und 2 Drittel Salz.
Wildkräuter waschen, trocken tupfen und sehr klein schneiden. Mit dem Salz vermengen und im Mörser zerstoßen. Die Masse auf ein Backblech streuen und entweder 2 bis 3 Tage an der Luft oder bei 40 °C etwa 3 bis 5 Stunden im Backofen trocknen. Dabei die Backofentür mit einem eingeklemmten Holzlöffel einen Spalt geöffnet lassen. Kräutersalz in verschließbare Gläser füllen.

Tipp

Alternativ können bereits getrocknete Kräuter mit Salz im Mörser oder Küchenmixer zerkleinert werden.

Brennnesselsamen-Vitalgabe

Zutaten

Fruchtstände der weiblichen Pflanzen sammeln, trocknen, abrebeln und in einem Schraubglas luftdicht aufbewahren. Morgens ins Müsli, mittags ins Gemüse und abends auf ein Butterbrot streuen! Dabei wird jeweils eine gute, kräftigende und aufbauende Portion Vitalstoffe vom Körper aufgenommen.

Brennnesselsamen-Würzsalz

Zutaten

1 EL getrocknete Brennnesselsamen
2 EL grobes Meersalz oder normales Haushaltssalz
schwarzer Pfeffer

Brennnesselsamen trocknen und mit Salz und Pfeffer im Mörser zerstoßen. In einem dunklen Glas mit Schraubverschluss aufbewahren. Zum Würzen von Suppen und Soßen, Fleisch- und Fischgerichten und Kräuterquark geeignet.

Tipp

Getrocknete, mit den Händen fein geriebene Brennnesselblätter sind ein delikates Gewürz für Suppen. In verschließbare Gläser füllen.

Brennnessel-Butter

Brennnesselblätter waschen, trocken tupfen, fein hacken und mit den anderen Zutaten vermengen. Nach Belieben mit Salz und Pfeffer abschmecken.

Zutaten

1 Handvoll junge Brennnesselblätter
100 g zimmerwarme Butter
½ TL Senf
1 Spritzer Zitronensaft
Salz und Pfeffer

Brennnesselsamen-Frischkäse-Aufstrich

Fruchtstände von der Brennnessel sammeln und Brennnesselsamen von den Fäden abstreifen. Radieschen waschen, trocken tupfen und klein würfeln. Alle Zutaten miteinander vermengen und mit Salz und Pfeffer abschmecken. Als Brotaufstrich verwenden.

Zutaten

2 EL Brennnesselsamen
150 g Frischkäse
50 g Naturjoghurt
1 Bund Radieschen
Salz und Pfeffer

Knusprige Brennnesselblätter

Zutaten

junge Brennnesselblätter
Öl
Salz

Brennnesselblätter waschen, trocken tupfen und in einer Pfanne mit etwas Öl knusprig backen. Blätter dabei oft wenden, mit etwas Salz abschmecken. Über Kartoffeln, Kartoffelpüree, Nudeln, Suppen, Gemüse oder Salate streuen. Lecker und sehr gesund!

Brennnesselblätter in Bierteig

Zutaten

20 bis 30 große Brennnesselblätter
200 g Mehl
1 EL Öl
125 ml helles Bier
5 EL Milch
2 Eier
½ TL Salz
Muskat

Mehl, Öl, Bier und Milch zu einem dickflüssigen Teig verrühren. Eier unterheben, mit Salz und Muskat würzen und den Teig 30 Minuten quellen lassen. Brennnesselblätter waschen und trocken tupfen. Am Stiel festhalten, einzeln in den Bierteig tauchen und in Öl ausbacken. Als Vorspeise mit Dips oder als Suppeneinlage.

Dinkelsuppe mit Brennnessel

Dinkelmehl in heißem Öl rösten. Wasser und Milch mischen und langsam zugießen. 10 Minuten köcheln lassen, dabei immer wieder umrühren. Gewaschene, fein gehackte Kräuter in die Suppe rühren und weitere 5 Minuten köcheln lassen. Sahne zugeben und mit Salz, Pfeffer und Muskatnuss abschmecken.

Tipp

Auch die grünen Blütenstände der Brennnessel sind zur Herstellung von Suppen, Smoothies usw. geeignet.

Zutaten

1 kleine Schüssel Brennnesselblätter
50 g Dinkelvollkornmehl
2 EL Olivenöl
1 l Milch
1 l Wasser
200 ml Sahne
Salz und Pfeffer
Muskatnuss

Brennnessel-Gemüse

Zutaten

- 1 kg Brennnesselblätter
- 1 Zwiebel
- 1 Knoblauchzehe
- Öl oder Butter
- Salz und Pfeffer
- Muskat
- 150 ml Gemüsebrühe
- Sahne oder Crème fraîche

Blätter waschen und blanchieren, abtropfen lassen und möglichst klein schneiden. Zwiebeln und Knoblauch schälen, klein hacken und in Öl oder Butter glasig dünsten. Blattmasse zugeben, kurz anbraten, Brühe zugeben und alles 10 bis 15 Minuten dünsten. Mit Salz, Pfeffer und Muskat abschmecken und mit Sahne oder Crème fraîche verfeinern.

Tipp

Eine Scheibe Speck würfeln, anbraten und über das Gemüse streuen.

Grünes Kartoffelpüree

Zutaten

- 1 Schüssel Wildkräuter (Brennnessel, Giersch, Vogelmiere, Sauerampfer, Löwenzahn, Gundermann, Spitzwegerich …)
- etwa 250 ml Milch oder Sahne
- 1 kg mehligkochende Kartoffeln
- 2 EL Butter
- Salz
- Muskat

Wildkräuter waschen, klein hacken und mit der Milch pürieren. Kartoffeln waschen, schälen, in gleichmäßige Stücke teilen und in wenig Wasser weich kochen. Die heißen Kartoffeln stampfen oder durch eine Kartoffelpresse drücken, Butter und Salz zugeben. Kräutermilch erhitzen, zum Kartoffelbrei geben und mit dem Schneebesen oder Kochlöffel schaumig rühren. Nach Bedarf noch etwas heiße Milch zugeben, damit eine schöne Konsistenz entsteht. Mit Muskat abschmecken.

Tipp

Mit einigen „Knusprigen Brennnesselblättern“ (s. Rezept S. 70) bestreuen.

Brennnessel-Ei-Törtchen

Brennnesselblätter waschen und in etwas Wasser einige Minuten blanchieren. Auf einem Sieb abtropfen lassen, klein schneiden und mit Salz und Pfeffer abschmecken.
Muffinblech mit Butter über den Rand hinaus einfetten, in 4 Vertiefungen die 4 Scheiben Blätterteig hineinlegen. Brennnesselblätter darin verteilen, je 1 EL Parmesan einfüllen. In jedes Törtchen ein Ei schlagen, mit Pfeffer bestreuen und im vorgeheizten Backofen bei 200 °C etwa 10 bis 15 Minuten backen.

Zutaten

1 kleine Schüssel Brennnesselblätter
4 quadratische Scheiben Blätterteig (ca. 13 x 13 cm)
4 EL geriebener Parmesan
4 Eier
Salz und Pfeffer
Butter zum Einfetten

Gemüsepuffer mit Brennnesselsoße

Zutaten

10 junge Brennnesselblätter
100 g Crème fraîche
2 EL Sahne
1 EL Öl
Salz und Pfeffer
Zutaten Gemüsepuffer
100 g Zucchini
100 g Möhren
100 g Kohlrabi
1 Schalotte
1 Ei
2 EL Paniermehl
1 EL geriebener Parmesan
Öl
Salz und Pfeffer

Brennnesselblätter waschen, trocken tupfen, entstielen und fein hacken. Crème fraîche mit der Sahne verrühren, Kräuter unterheben. Soße mit Salz, Pfeffer und ein paar Tropfen Zitronensaft abschmecken.
Zucchini, Möhren und Kohlrabi schälen und auf einer Gemüsereibe grob raspeln. Zwiebel in feine Würfel schneiden. Gemüse in etwas Öl in der Pfanne kurz anbraten. Gemüse aus der Pfanne nehmen. Ei, Paniermehl und Parmesan untermengen und die Masse mit Salz und Pfeffer abschmecken. Falls die Masse nicht richtig bindet, eventuell noch mehr Paniermehl oder Käse untermengen. Gemüsemasse in esslöffelgroßen Portionen in eine Pfanne mit Öl geben und ausbacken. Einen Klecks Soße auf die Gemüsepuffer geben und servieren.

Brennnessel-Zaziki mit Lachs

Zutaten

1 große Handvoll zarte Brennnesselblätter oder -triebe
2 Scheiben Lachs
½ Salatgurke
2 Knoblauchzehen
250 g Joghurt
2 TL Zitronensaft
2 EL Olivenöl
Salz und Pfeffer

Brennnesselblätter und -triebe waschen und klein schneiden. Lachsscheiben klein schneiden. Salatgurke fein würfeln, Knoblauchzehen pressen. Joghurt, Zitronensaft und Öl vermengen, Brennnesselgrün, Gurke, Lachs und Knoblauch unterheben. Mit Salz und Pfeffer abschmecken. Als Brotaufstrich und zu Pellkartoffeln oder Folienkartoffeln.

Tipp

Joghurt zur Hälfte durch Quark ersetzen.

Wildkräuter-Quiche

Aus den Teigzutaten einen Mürbeteig kneten und mindestens 1 Stunde im Kühlschrank ruhen lassen. Eine gefettete Quiche- oder Springform mit dem ausgerollten Teig belegen, dabei einen Rand ausformen.
Kräuter waschen, trocken tupfen und hacken. Eier mit Sahne verquirlen, Kräuter, klein gewürfelte Zwiebeln und gehackte Walnüsse unterheben, mit Salz und Pfeffer abschmecken. Die Füllung auf den Teigboden geben und bei 200 °C etwa 30 bis 40 Minuten backen.

Zutaten

250 g Mehl
150 g Butter
2 EL Wasser
1 Ei
Salz
Zutaten Belag
3 Handvoll Wildkräuter der Saison (Brennnessel, Giersch, Günsel, Löwenzahn, Taubnessel, Vogelmiere …)
4 Eier
250 g Sahne
2 Zwiebeln
2 Handvoll Walnüsse
Salz und Pfeffer

Wildkräuterbrot

Zutaten

5 EL fein gehackte Wildkräuter der Saison (Brennnessel, Sauerampfer, Löwenzahn, Vogelmiere, Giersch, Gartenkresse …)
250 g Weizenmehl
250 g Dinkelmehl
1 Würfel Hefe oder Trockenhefe
300 ml lauwarme Milch
1 TL Zucker
1 TL Salz
40 g Butter
100 g Sonnenblumenkerne
Öl
Milch zum Bestreichen

Sonnenblumenkerne in einer Pfanne in etwas Öl rösten, abkühlen lassen. Mehl in eine Schüssel geben, Hefe hineinkrümeln. Die anderen Zutaten zugeben und alles so lange kneten, bis der Teig geschmeidig und glänzend ist. Mit einem Tuch abdecken und etwa 30 Minuten an einem warmen Ort ruhen lassen. Teig abermals durchkneten und zu einem Laib formen. Auf ein mit Backpapier ausgelegtes Blech oder in eine gefettete Kastenform geben. Brot mit Milch bestreichen. Nochmals etwa 30 Minuten gehen lassen. Im vorgeheizten Backofen bei 200 °C etwa 40 bis 45 Minuten backen.

Vitalbrötchen

Zutaten

2–3 EL Brennnesselsamen
250 g Mehl
1 TL Backpulver oder Weinstein-Backpulver
175 g Buttermilch oder Dickmilch
1 TL Salz
3 EL Olivenöl
1 Eigelb

Mehl mit Backpulver vermengen. Salz, Öl, Buttermilch und Brennnesselsamen zufügen und alles miteinander verkneten. Kleine Brötchen formen, auf ein Backblech legen, nach Belieben mit einem scharfen Messer einritzen und mit Eigelb bestreichen. Im vorgeheizten Backofen bei 200 °C etwa 15 Minuten goldbraun backen.
Etwas abkühlen lassen und zum Beispiel lauwarm mit Sauerampfer-Minzebutter (s. Rezept S. 83) genießen.

Tipp

Brennnesselsamen durch fein gehackte Wildkräuter der Saison ersetzen. Werden die Kräuter mit etwas Milch püriert, erhalten die Brötchen eine schöne grüne Farbe. Je mehr Kräuter, desto grüner die Brötchen.

Wildkräutershake

Zutaten

3 EL Wildkräuter der Saison (Brennnessel, Giersch, Gänseblümchen, Sauerampfer, Springkraut, Taubnessel, Gundermann, Vogelmiere …)
250 ml Möhrensaft
200 ml Joghurt
1 EL Zitronensaft
Honig

Wildkräuter waschen und grob zerkleinern. Alle Zutaten miteinander vermengen, mixen und nach Bedarf oder Belieben mit Honig abschmecken.

Brennnessel-Smoothie

Zutaten

1 Handvoll Brennnesselblätter
1 Apfel
2–3 Datteln
250 ml Wasser

Brennnesselblätter waschen und grob zerkleinern. Datteln entkernen. Apfel entkernen und klein schneiden. Alle Zutaten miteinander vermengen, mixen und genießen.

Brennnessel-Powerdrink

Zutaten

1 EL Brennnesselsamen
250 ml Buttermilch
½ Apfel
Saft einer halben Zitrone

Apfel waschen, halbieren, Kerngehäuse herausschneiden. Einen halben Apfel klein schneiden und mit den Brennnesselsamen, dem Zitronensaft und etwas Buttermilch fein mixen. Restliche Buttermilch auffüllen und genießen.

Sauerampfer

Großer Sauerampfer, Wiesen-Sauerampfer
Rumex acetosa
Knöterichgewächs

Der mehrjährige Sauerampfer bildet grundständige Blattrosetten, aus denen sich die bis 1 m hohen Blütenstände erheben. Die Blätter weisen kleine Zipfel am Blattgrund (Schwalbenschwänze) auf; die Stängelblätter scheinen den Stängel mit seinen Blattzipfeln regelrecht zu umarmen. Typisch sind die auffälligen Blattscheiden, die wie kleine Tüten an den Blattansatzstellen zu entdecken sind.
Die Blüten sind zweihäusig; männliche und weibliche Blüten sitzen auf verschiedenen Pflanzen. Die Früchte weisen auffällige weiße Schwielen auf, luftgefüllte Gewebe, die die Verbreitung durch Wind und Wasser begünstigen.
Verwandt mit dem Großen Sauerampfer ist der Kleine Sauerampfer (*Rumex acetosella*). Dieser wächst auf Sandböden und weist wesentlich kleinere Blättchen auf, die jedoch ebenso in der Küche verarbeitet werden können.

Vorkommen Auf Wiesen, Weiden und an Wegrändern. Auf nährstoffreichen, frischen bis feuchten Böden.

Im Garten Im Rasen und auf der Wiese. Hier kommt es aufgrund der Mahd meist nicht zur Ausbildung von Blüten- und Fruchtständen.

Blütezeit Juni bis August. Rispenförmige, rötliche Blütenstände, zweihäusig.

Sammelhinweis Junge Blätter der Grundrosette vor allem vor dem Austreiben der Blütenstände von März bis April, nach der Mahd noch bis September. Von April bis Mai die knospenden Blütenstände. Ganze Pflanze mit erfrischend säuerlichem Geschmack.

Verwertung Blätter und junge Blütenstände in Kräuterquark oder Kräuterbutter, Salaten, Suppen, Kartoffelsalat oder Omelette. Durch Einfrieren oder Einlegen in Öl konservierbar.

Gesundheit Der Sauerampfer enthält viel Vitamin C und ist blutreinigend, blutbildend und harntreibend.

Wichtig Blätter mit bräunlichen Flecken (Rostpilz) werden nicht geerntet! Aufgrund der im Sauerampfer enthaltenden Oxalsäure sollte die Pflanze roh nicht regelmäßig in größeren Mengen gegessen werden. Durch Kochen der Pflanzenteile lässt sich der Gehalt an Oxalsäure verringern (Kochwasser weggießen!). Menschen, die an Gicht, Rheuma oder Arthritis leiden, sollten ihn gänzlich meiden.
Sauerampferblätter nicht mit dem giftigen Aronstab verwechseln, der jedoch im Wald wächst, selten mit dem Sauerampfer zusammensteht und nicht sauer schmeckt.

Tomaten-Sauerampfer-Butter

Zutaten

1 Handvoll Sauerampferblätter
250 g zimmerwarme Butter
2 EL Tomatenmark
Salz und Pfeffer
evtl. etwas Öl

Butter und Tomatenmark mit der Gabel vermengen oder pürieren. Fein geschnittene Sauerampferblätter untermengen, mit Salz und Pfeffer abschmecken. Etwas Öl macht die Butter streichfähiger.

Sauerampfer-Minzebutter

Zutaten

1 EL gehackte Sauerampferblätter
1 EL gehackte Minzeblätter
250 g zimmerwarme Butter
1 Spritzer Zitronensaft
Salz und Pfeffer

Fein gehackte Kräuter mit der Butter vermengen und mit Zitronensaft, Salz und Pfeffer abschmecken. Mit Baguette servieren, zu Pellkartoffeln oder Fleisch, zum Verfeinern von Suppen, Soßen und Gemüsegerichten.

Sauerampfer-Butter mit Sonnenblumenkernen

Zutaten

1 Handvoll Sauerampferblätter
250 g zimmerwarme Butter
2 EL Sonnenblumenkerne
Öl
1 Spritzer Zitronensaft
Salz und Pfeffer

Sauerampfer waschen und fein hacken. Sonnenblumenkerne in etwas Öl in der Pfanne hellbraun rösten (nicht schwarz werden lassen) und hacken. Sauerampfer mit Butter und Sonnenblumenkernen vermengen, mit Salz, Pfeffer und einigen Tropfen Zitronensaft abschmecken. Als Brotaufstrich verwenden.

Sauerampfer-Pesto

Zutaten

1 Handvoll Sauerampferblätter
100 g Pinienkerne
250 g Parmesan
Knoblauchzehe
Olivenöl
Salz

Sauerampferblätter klein schneiden, Pinienkerne in der Pfanne ohne Fett rösten und erkalten lassen, Knoblauch fein hacken, Parmesan reiben. Alle Zutaten im Mixer mit so viel Olivenöl pürieren, dass eine cremige Masse entsteht. Mit Salz abschmecken. Zu Nudeln und Gemüse reichen oder als Brotaufstrich.

Grüne Soße mit Wildkräutern

Zutaten

1 große Handvoll Wildkräuter (Knoblauchsrauke, Sauerampfer, Brennnessel, Löwenzahn, Gänseblümchen, Springkraut, etwas Gundermann …)
250 g saure Sahne
250 g Dickmilch
1 EL Essig
1 EL Öl
Salz und Pfeffer
4 hart gekochte Eier
2 Gewürzgurken

Kräuter waschen, grob hacken und mit etwas saurer Sahne pürieren. Rest saure Sahne, Dickmilch, Essig und Öl unterrühren und mit Salz und Pfeffer abschmecken. Eier hacken, Gewürzgurken fein würfeln und vor dem Auftragen in die Soße geben. Dazu passen Pellkartoffeln.

Tipps

Alternativ Kräuter fein hacken und mit den restlichen Zutaten vermengen.
Gundermann sparsam verwenden, da er sehr würzig und nicht jedermanns Geschmack ist!

Gemüserohkost mit Wildkräuterdip

Zutaten

1 große Handvoll Wildkräuter der Saison (Sauerampfer, Löwenzahn, Vogelmiere, Gartenkresse, etwas Gundermann …)
500 ml Joghurt
250 ml saure Sahne
Salz und Pfeffer
2 Möhren
1 Kohlrabi
1 rote Paprika
1 grüne Paprika
1 gelbe Paprika

Kräuter waschen, trocken tupfen und hacken. Joghurt mit saurer Sahne vermengen. Kräuter untermischen und Dip mit Salz und Pfeffer abschmecken. Gemüse in Streifen schneiden und dekorativ mit dem Dip anrichten.

Tipp

Liebhaber von Sauerampfer bereiten den Dip nur mit Sauerampfer zu!

Wildkräutersalat mit Sahnesoße

Zutaten

1 kleine Schüssel Wildkräuter der Saison (Sauerampfer, Kriechender Günsel, Löwenzahn, Spitzwegerich, Vogelmiere …)
1 Kopf Salat
100 ml Sahne
Saft einer halben Zitrone
1 EL Zucker

Wildkräuter und Salat waschen, trocken schleudern, etwas zerkleinern und in eine Schüssel geben. Sahne, Zitronensaft und Zucker kräftig verrühren. Salatsoße kurz vor dem Anrichten über den Salat geben.

Sauerampfer-Suppe

Zutaten

- 1 Handvoll Sauerampferblätter
- 150 g Zwiebeln
- 500 g Kartoffeln
- 2 EL Öl
- 25 g Butter
- 1 l Gemüsebrühe
- 200 ml Sahne

Zwiebeln und Kartoffeln würfeln und in Öl und Butter anschwitzen, mit der Gemüsebrühe ablöschen und weich kochen. Die Suppe pürieren. Die Sahne mit den klein gehackten Sauerampferblättern pürieren. Kurz vor dem Servieren die Sauerampfer-Sahne in die Suppe geben. Nicht mehr kochen lassen, da der Sauerampfer sonst seine schöne grüne Farbe verliert.

Tipps

Räucherlachs in feine Streifen schneiden und kurz vor dem Anrichten in die Suppe geben.
Sauerampfer-Suppe mit einigen gebratenen Champignons servieren.

Pellkartoffeln mit Sauerampfer-Soße

Zutaten

1 Handvoll Sauerampferblätter
20 g Butter
25 g Mehl
375 ml Gemüsebrühe
Salz und Pfeffer
200 g saure Sahne
750 g Pellkartoffeln
4 hart gekochte Eier

Sauerampferblätter waschen, trocken tupfen und fein hacken. Butter zerlassen, Mehl zugeben und so lange rühren, bis die Masse hellgelb ist. Sauerampferblätter zugeben und dünsten. Gemüsebrühe zugeben und mit dem Schneebesen gut rühren. Etwa 10 Minuten köcheln lassen. Mit Salz und Pfeffer abschmecken. Zum Schluss saure Sahne unterrühren, aber nicht mehr kochen lassen.
Mit Pellkartoffeln und gekochten Eiern servieren.

Couscous mit Gemüse und Wildkräutern

Zutaten

1 große Handvoll Wildkräuter der Saison (Sauerampfer, Löwenzahn, Vogelmiere, Gartenkresse …)
einige Minzeblättchen
2 Tomaten
1 orangefarbene Paprika
½ Schlangengurke
½ Kohlrabi
(andere Gemüsesorten nach Belieben)
100 g mittelalter Gouda
150 g Couscous
Olivenöl
Zitronensaft
Salz und Pfeffer

Kräuter waschen, trocken tupfen und grob hacken. Gemüse waschen und in kleine Streifen oder Stücke schneiden. Gouda in kleine Stücke schneiden. Couscous in eine Schüssel geben, mit etwa der gleichen Menge kochendem Wasser auffüllen, etwas Salz zugeben und 5 Minuten quellen lassen. Gemüse, Gouda und Couscous vermengen und zuletzt die Kräuter unterheben. Mit etwas Olivenöl und Zitronensaft beträufeln und mit Salz und Pfeffer abschmecken. Ein schnelles und leichtes Gericht für heiße Sommertage.

Tipp

Auch mit Knoblauch und Feta sehr schmackhaft. Couscous durch Hirse ersetzen. 1 Tasse Hirse mit heißem Wasser abspülen, mit 2 Tassen Gemüsebrühe etwa 12 Minuten köcheln und ausquellen lassen.

Kartoffelsalat mit Sauerampfer

Zutaten

1 große Handvoll Sauerampferblätter
500 g festkochende Kartoffeln
4 Eier
1 kleine Zwiebel
5 EL Olivenöl
3 EL Essig
4–5 EL Sahne
Salz und Pfeffer

Kartoffeln schälen, kochen und abkühlen lassen. Eier hart kochen und abkühlen lassen. Kartoffeln und Eier in Scheiben oder Würfel schneiden. Zwiebel in feine Würfel schneiden. Sauerampferblätter waschen, trocken tupfen und quer in Streifen schneiden. Aus den restlichen Zutaten eine Marinade herstellen, mit Salz und Pfeffer abschmecken. Alle Zutaten miteinander vermengen und mindestens 30 Minuten durchziehen lassen.

Sauerampfer-Obstdrink

Zutaten

1 Handvoll Sauerampferblätter
1 Banane
1 Birne
1 Spritzer Zitronensaft
1 Prise Ingwerpulver
1 Prise Cayennepfeffer
200 ml Apfelsaft

Sauerampfer waschen und grob hacken, Obst waschen und klein schneiden. Alle Zutaten im Mixer pürieren. Nach Belieben mit mehr Apfelsaft oder Mineralwasser aufgießen.

Gänseblümchen

Maßliebchen, Tausendschön
Bellis perennis
Korbblütler

Das 5 bis 15 cm hoch werdende Gänseblümchen bildet eine wintergrüne Blattrosette mit spatelförmigen Blättern aus. Fast das ganze Jahr über sprießen die hübschen Blütenköpfchen auf unbeblätterten Blütenstängeln daraus empor. Tagsüber wendet die Pflanze die Blütenköpfchen der Sonne entgegen, nachts, bei kühler Witterung und bei Regen schließen sie sich, wobei sich die äußeren weißen Zungenblüten über die gelben Röhrenblüten legen.
Aufgrund von Ausläufern, an denen sich Tochterrosetten bilden, kommt das Gänseblümchen an seinen Wuchsorten meist zahlreich vor.

Vorkommen Auf Wiesen und Weiden und an Wegrändern. Auf nährstoffreichen Böden.

Im Garten Im Rasen und auf der Wiese. Eine Blütenbildung hängt von der Häufigkeit der Mahd ab.

Blütezeit März bis Oktober, Hauptblüte im Frühjahr, in milden Wintern auch ganzjährig. Blütenköpfchen mit weißen, manchmal auch rosaroten Zungenblüten und gelben Röhrenblüten.

Sammelhinweis Blattrosetten von März bis Oktober; Geschmack wie Feldsalat. Blütenknospen und Blüten von März bis Oktober, in milden Wintern auch ganzjährig; Geschmack leicht bitter.

Verwertung Blätter als Beigabe für Salate und Kräutersuppen. Blütenknospen als Kapernersatz eingelegt oder roh unter Salate gemischt. Geöffnete Blütenköpfchen schmecken intensiver und werden zur Dekoration von Salaten und Kräuterquark verwendet, einzelne auch für süße Gerichte. Vor der Verarbeitung werden die Blütenköpfchen nicht gewaschen, da sie sich sonst zusammenziehen.

Gesundheit Das Gänseblümchen wirkt stoffwechselanregend, blutreinigend und harntreibend. Es enthält viel Vitamin A.

Gänseblümchen-Kapern

Zutaten

Knospen der Blütenköpfe vom Gänseblümchen
Salz
Wein- oder Kräuteressig

Noch feste, grüne Knospen werden gewaschen, reichlich mit Salz bestreut und einen Tag lang stehen gelassen. Am nächsten Tag gut abspülen und trocken tupfen. In Wein- oder Kräuteressig (zum Beispiel Estragonessig, nach Belieben mit einigen Pfefferkörnern) aufkochen, mehrmals darin aufwallen lassen und in keimfreie Schraubgläser füllen. Die Gläser kühl und dunkel aufbewahren.

Gänseblümchen-Radieschen-Salat

Zutaten

1 Schüssel Gänseblümchen-Rosetten
1 Bund Radieschen
4 EL Sonnenblumenöl
2 EL Weißweinessig
4 EL Orangensaft
1 TL Senf
Salz und Pfeffer
1 Handvoll Walnüsse

Gänseblümchenrosetten waschen, trocken schleudern und klein zupfen. Radieschen waschen und in Scheiben schneiden. Aus Öl, Essig, Orangensaft und Senf eine Salatsoße herstellen, mit Salz und Pfeffer abschmecken. Radieschen und Gänseblümchengrün vermengen. Salat auf Tellern anrichten, mit Salatsoße beträufeln und mit klein gehackten Walnüssen und einigen Gänseblümchenblüten anrichten.

Day's eye

Den Fruchtjoghurt oder andere Desserts, wie Quark oder Wackelpudding, anrichten und mit Blütenköpfchen vom Gänseblümchen dekorieren. Eine schöne Dekoration – Auge des Tages –, welche sogar mitgegessen werden kann.

Zutaten

Blütenköpfchen vom Gänseblümchen
Fruchtjoghurt

Hirtentäschel

Gewöhnliches Hirtentäschel
Capsella bursa-pastoris
Kreuzblütler

Je nach Standort kann das ein- bis zweijährige Hirtentäschel 2 bis 60 cm hoch werden. Die überwinternde Rosette der Pflanze ähnelt mit ihren gezähnten Blättern der des Löwenzahns, ist jedoch viel kleiner. Manchmal sind die Blätter aber auch ganzrandig. Typisch für die Stängelblätter ist der pfeilförmige Grund, mit dem sie den Stängel umfassen. Aus der Rosettenmitte sprießt zunächst ein gedrängter Blütenstand, in dem die zahlreichen Blüten eng beisammenstehen. Zur Fruchtreife hin entwickelt sich der Blütenstand zu einer lockeren, blattlosen Traube, an der alle Entwicklungsstadien der Blüten von der Knospe bis zur reifen Frucht zu finden sind. Während oben am Blütenstand geschlossene Blütenknospen vorhanden sind, stehen darunter die kleinen weißen Blüten und weiter unten an waagerechten, langen Stielen die verkehrt herzförmigen Schötchen.

Vorkommen Auf Äckern, in kurzlebigen Wildkrautfluren und in Pflasterritzen. Sehr anspruchslos.

Im Garten In Stauden- und Gemüsebeeten, zwischen Pflastersteinen und in Mauerfugen.

Blütezeit März bis Oktober, in milden Wintern auch ganzjährig. Kleine weiße Blüten in endständigen Trauben.

Fruchtreife März bis Oktober, in milden Wintern auch ganzjährig. Herzförmige Schötchen mit reichlich Samen.

Sammelhinweis Blätter und Triebe von März bis Oktober, junge Blätter vor allem vor der Blüte im Frühjahr. Blüten und Früchte von April bis Oktober. Die Pflanze weist einen kresseartigen, pfefferigen Geschmack auf.

Verwertung Blätter und Früchte zum Würzen von Gemüse und Suppen. Blüten, Blüten- und junge Fruchtstände als essbare Dekoration für Salate, Brote und andere herzhafte Speisen.

Verarbeitungshinweis In erster Linie ein Würzkraut.

Gesundheit Das Hirtentäschel wirkt blutstillend.

Wichtig Schwangeren ist von der Verwendung des Krautes abzuraten, da es wehenfördernd wirkt.

Von Herzen

Zutaten

Schötchen vom Hirtentäschelkraut
zimmerwarme Butter

Herz- oder blütenförmige Plätzchenausstecher auf ein mit Pergamentpapier ausgelegtes Tablett stellen. Weiche Butter in die Formen streichen und das Tablett für einige Zeit in den Kühlschrank stellen. Butterstücke aus der Form drücken, anrichten und mit Schötchen vom Hirtentäschelkraut dekorieren.

Tipp

Mit den Schötchen lassen sich viele Gerichte „von Herzen" dekorieren!

Wildkräuterbaguette

Wildkräuter waschen, trocken tupfen und fein schneiden. Parmesan fein reiben, Knoblauchzehen fein hacken. Öl mit Kräutern, Parmesan und Knoblauch vermengen. Baguette in Scheiben schneiden, dabei den Boden nicht ganz durchschneiden. Zwischenräume der Scheiben mit Ölmischung einpinseln, Baguette in Alufolie wickeln und ca. 15 Minuten bei 200 °C im Backofen knusprig backen.

Zutaten

1 Handvoll Wildkräuter der Saison (Hirtentäschel, Sauerampfer, Löwenzahn, Gundermann, Vogelmiere, Spitzwegerich …)
100 ml Olivenöl
100 g Parmesan
1–2 Knoblauchzehen
1 Baguette

Springkraut

Behaartes Schaumkraut, Viermänniges Schaumkraut
Cardamine hirsuta
Kreuzblütler

Das Springkraut wird nur wenige Zentimeter groß, kann aber auch Exemplare von 30 cm Höhe entwickeln. Die Blätter der Grundrosette ähneln denen des Wiesenschaumkrautes und weisen wie diese ein vergrößertes Endblättchen auf. Aus der Rosette sprießen auf zahlreichen, wenig beblätterten Blütenstängeln viele kleine weiße Blüten mit gelben Staubblättern hervor. Blätter und Stängel sind meist spärlich behaart.
Die raffinierte Samenausstreuung trägt zur lebhaften Vermehrung der Pflanze bei. Streift zur Fruchtreife ein Tier oder die Hand eines Menschen die Pflanzen, streuen die aufplatzenden Schoten die Samen bis über einen Meter weit hinaus.

Vorkommen An Wegrändern, auf Äckern, Schuttflächen, in Pflasterritzen, im Garten und an den unwirtlichsten Stellen. Auf nährstoffreichen Böden, Stickstoffzeiger.
In den 70er-Jahren des letzten Jahrhunderts mit fremdländischen Pflanzen über Baumschulen und Gärtnereien eingeschleppt und in Ausbreitung begriffen.

Im Garten Im Gemüsebeet, in Staudenrabatten, zwischen Pflastersteinen und in Kübeln; auf offenen Bodenflächen. Zeiger für gute Bodengare.

Blütezeit März bis Mai, vereinzelt noch bis September. Kleine weiße Blüten mit 4 langen inneren und 2 kurzen äußeren Staubblättern (Viermänniges Schaumkraut).

Fruchtreife März bis September. 12 bis 25 mm lange Schoten an aufrechten Fruchtstielen.

Sammelhinweis Ganze Pflanze essbar. Blätter, junge Triebe und Blüten vor allem von März bis Juni, bis in den Herbst möglich; Geschmack wie Kresse.

Verwertung Blätter, Triebe und Blüten als Zugabe für Salate, Suppen, Kräuterquark und -butter.

Gesundheit Das Behaarte Schaumkraut weist einen hohen Vitamin-C-Gehalt und antibakteriell wirkende Senföle auf.

Springkraut-Butter

Zutaten

1 EL gehackte Springkrauttriebe
250 g zimmerwarme Butter
1 Schuss Olivenöl
1 rote Paprika
Salz und Pfeffer

Paprika grob würfeln und mit der Butter und dem Olivenöl pürieren. Fein gehacktes Springkraut zugeben und mit Salz und Pfeffer abschmecken. Als Brotaufstrich!

Rührei mit Wildkräutern

Zutaten

1 Handvoll Wildkräuter (Springkraut, Löwenzahn, Sauerampfer, Brennnessel, Vogelmiere …)
4 Eier
8 EL Milch
Salz
2 bis 3 EL geriebener Käse
30 g Butter

Kräuter waschen, trocken tupfen und fein hacken. Eier aufschlagen und mit Milch und etwas Salz verquirlen. Kräuter und geriebenen Käse unterrühren. Butter in der Pfanne zergehen lassen, Eiermasse in die Pfanne geben und so lange unter Rühren backen, bis die Masse fest (aber nicht hart und trocken) ist. Mit einigen Wildkräutern oder Wildkräuterblüten verziert anrichten.

Günsel

Kriechender Günsel, Kriech-Günsel
Ajuga reptans
Lippenblütler

Der mehrjährige Kriechende Günsel wird etwa 10 bis 25 cm hoch und bildet bis zu 30 cm lange oberirdische Ausläufer aus. Damit kann er große Flächen besiedeln. Aus den wintergrünen Blattrosetten entspringen im Frühjahr die für die Familie der Lippenblütler typischen vierkantigen Stängel mit gegenständigen Blättern. Im oberen Bereich des Stängels bilden sich in den Blattachseln dicht beieinander zahlreiche Blütenquirle. Von Weitem erscheinen diese wie ein Ährenstand. Im Gegensatz zur stark reduzierten Oberlippe ist die dreiteilige Unterlippe besonders deutlich ausgeprägt. Sie weist farbige Markierungen auf, die den Insekten den Weg zum Nektar zeigen.

Vorkommen Auf Wiesen, unter Hecken und in lichten Laubwäldern. Auf nährstoffreichen, feuchten Böden.

Im Garten Im Rasen, auf der Wiese und unter Hecken. Im Rasen kommt es aufgrund der Mahd häufig nicht zur Ausbildung von Blüten- und Fruchtständen.

Blütezeit Mai bis August. Hellblaue, selten rosa oder weiße Lippenblüten mit stark reduzierter Oberlippe.

Sammelhinweis Junge Blätter und Blütentriebe von März bis Juli; im Geschmack sehr aromatisch, bitter und etwas scharf. Blüten von Mai bis August; süßlich.

Verwertung Junge Blätter und Blütentriebe in geringen Mengen in Kräuterquark, Kräuterbutter, in Salaten oder Kartoffelgerichten. Blüten als essbare Dekoration für Salate und Brote.

Blütenbrote

Zutaten

Blüten der Saison (Kriechender Günsel, Taubnessel, Löwenzahn, Gundermann, Gänseblümchen, Vergissmeinnicht ...)
Brotscheiben
zimmerwarme Butter

Eine Scheibe Brot mit Butter bestreichen und mit den Blüten bestreuen – ein Hingucker auf jedem Buffet.

Schafgarbe

Wiesen-Schafgarbe, Gewöhnliche Schafgarbe
Achillea millefolium
Korbblütler

Die Schafgarbe wird bis zu 60 cm hoch. An den steif aufrecht stehenden Stängeln entwickeln sich mehrfach fiederteilige Blätter (Tausendblatt). In scheinbar doldenartigen Blütenständen sitzen kleine, weiße, manchmal auch rosafarbene Zungenblüten und gelbliche Röhrenblüten. Die Fruchtstände verbleiben bis weit in den Winter hinein an den Pflanzen. Das Kraut vermehrt sich nicht allein über Samen, sondern auch durch lebhafte ober- und unterirdische Ausläufer.

Vorkommen Auf Wiesen, Weiden und an sonnigen Wegrändern. Auf nährstoffreichen Böden.

Im Garten Im Rasen oder auf der Wiese. Hier kommt es aufgrund der Mahd meist nicht zur Ausbildung von Blüten- und Fruchtständen.

Blütezeit Juni bis September. Scheindolden mit weißen bis rosafarbenen Zungenblüten und mit gelblichen Röhrenblüten.

Sammelhinweis Zarte, junge Blätter von März bis September. Blütenstände von Juni bis September. Ganze Pflanze mit herb-würzigem Duft und herb-bitterem Geschmack.

Verwertung Zum Würzen von Salaten, Suppen und Eintöpfen. Aus Schafgarbenkraut lassen sich Tee, Kräutersalz und Likör herstellen.

Verarbeitungshinweis In erster Linie ein Würzkraut.

Gesundheit Die Schafgarbe enthält unter anderem ätherische Öle, Bitterstoffe und Phytohormone. Sie ist appetit- und gallefördernd, hilft gegen Verdauungsstörungen und fördert die Wundheilung. Fette Speisen werden durch die Beigabe von Schafgarbe leichter verdaulich. Auch in der Frauenheilkunde findet sie Verwendung.

Wichtig Berührung oder Anwendung kann bei empfindlichen Menschen zu Überempfindlichkeitsreaktionen der Haut durch Sonneneinstrahlung führen.

Schafgarben-Kräutersalz

Zutaten

Blätter (und Blüten) der Schafgarbe
Salz

Blätter und Blüten trocknen, fein wiegen und mit dem Salz vermengen (etwa 1 : 10). In einem dunklen Glas mit Schraubverschluss aufbewahren. Zum Würzen von fetten Speisen.

Eiersoße mit Wildkräutern

Zutaten

4 EL Wildkräuter der Saison (Schafgarbe, Brennnessel, Giersch, Sauerampfer, Springkraut, Taubnessel, Gundermann …)
150 g Mayonnaise
250 ml Joghurt
2 Eier
Salz und Pfeffer
Zitronensaft

Die Eier hart kochen, schälen und fein hacken. Alle Zutaten miteinander vermengen und mit Salz, Pfeffer und etwas Zitronensaft abschmecken. Zu gekochten Kartoffeln oder Nudeln reichen.

Schafgarbe im Käsemantel

Zutaten

1 Handvoll Schafgarbenblätter
80 g Vollkornmehl
125 ml Milch
1 Ei
3 EL geriebener Parmesan
½ TL Salz
Pfeffer
Öl

Schafgarbenblätter waschen und trocken tupfen. Mehl, Milch, Ei und Salz verrühren und 15 Minuten quellen lassen. Parmesan unter den Teig rühren. Schafgarbenblätter am Stiel festhalten, einzeln in den Teig tauchen und in Öl ausbacken. Heiß oder kalt als Vorspeise mit Dips oder für ein Fingerfood-Büffet.

Schafgarben-Schnaps

Schafgarbenkraut waschen, trocken tupfen und in den Schnaps geben. Flasche verschließen und 4 Wochen an einen warmen Platz stellen, hin und wieder schütteln. Filtern und den Schnaps noch einige Wochen reifen lassen. Als Magenbitter verwenden.

Zutaten

50 g frische Blätter (und Blüten) der Gewöhnlichen Schafgarbe
750 ml Doppelkorn

Taubnessel

Weiße Taubnessel
Lamium album
Lippenblütler

Die mehrjährige Weiße Taubnessel wird 15 bis 60 cm hoch. An den vierkantigen Stängeln sitzen sich herzförmige Blätter mit gesägtem Blattrand kreuzweise gegenüber. Die Blätter der Taubnesseln sehen denen der Brennnessel ähnlich, sie weisen jedoch nicht die für Brennnesseln typischen Brennhaare auf. Zur Blütezeit finden sich in den Blattachseln quirlförmig um den Stängel herum 2 bis 2,5 cm lange, weiße Blüten mit den für die Pflanzenfamilie typischen Ober- und Unterlippen. Aus der aufwärts gebogenen Blütenröhre ragen 2 längere und 2 kürzere Staubbeutel hervor.

Drei weitere verwandte Taubnesselarten kommen an ähnlichen Standorten wie die der Weißen Taubnessel vor. Dabei handelt es sich um die mehrjährigen Arten Gefleckte Taubnessel (*Lamium maculatum*) und Goldnessel (*Lamium galeobdolon*) und um die einjährige Purpurrote Taubnessel (*Lamium purpureum*). Letztere weist im Gegensatz zu den anderen Arten nur sehr klein entwickelte Blüten auf.

Vorkommen In Hecken, in Wäldern, an Wald- und Wegrändern und auf Schuttstellen. Auf nährstoffreichen, frischen Böden, Stickstoffzeiger.

Im Garten An Gehölzrändern und Zäunen, in der Nähe des Kompostes und in anderen „wilden Ecken".

Blütezeit Mai bis November. Quirlförmig um die Blattachseln stehende weiße Lippenblüten.

Sammelhinweis Blätter und junge Triebe vor allem im Frühjahr und Frühsommer vor der Blüte; mild-würziger Geschmack, beim Zerreiben mit süßlich-aromatischem Duft. Blüten von Mai bis November; Duft und Geschmack süßlich. Sträuße in der Blumenvase auf die Küchenfensterbank sehen nicht nur hübsch aus, immer sind essbare Blüten und Blätter zur Hand.

Verwertung Blätter und junge Triebspitzen als Beigabe für Suppen, Gemüse, Salate oder Kräuterquark. Blüten als essbare Dekoration für Salate und Süßspeisen.

Kräutereier

Zutaten

1 Handvoll Kräuter der Saison (Taubnessel, Wiesenschaumkraut, Brennnessel, Löwenzahn, Sauerampfer, Giersch …)
4 Eier
1 Schalotte
1 TL Senf
75 g Crème fraîche
Salz und Pfeffer

Kräuter waschen, trocken tupfen und fein hacken, Schalotte fein hacken. Eier hart kochen, halbieren und das Eigelb herausnehmen. Eigelb mit Kräutern, Schalotte, Senf und Crème fraîche vermengen und mit Salz und Pfeffer abschmecken. Eigelb-Kräutermasse in Eihälften füllen und als Vorspeise oder Fingerfood anrichten.

Wildkräuter-Couscous-Salat

Kräuter waschen, trocken tupfen und hacken. Gemüsebrühe zum Kochen bringen, Topf vom Herd nehmen, Couscous einrühren und etwa 10 Minuten quellen lassen. Paprikaschoten und Zwiebel klein würfeln. Kräuter und Gemüse unter den Couscous heben. Salatsoße aus Essig und Öl vermengen, mit Salz und Pfeffer abschmecken, über den Salat geben und vorsichtig vermengen. Lauwarm oder kalt mit Parmesan servieren. Schnell gemachter Salat!

Zutaten

1 kleine Schüssel Wildkräuter (Taubnesseltriebe, Giersch, Brennnessel, Löwenzahn, Gänseblümchen, Sauerampfer …)
100 g Couscous
200 ml Gemüsebrühe
1 rote, 1 orange und 1 gelbe Paprikaschote
1 Zwiebel
4 EL weißer Balsamico
8 EL Pflanzenöl
Salz und Pfeffer
geriebener Parmesan

Taubnessel-Omelett

Zutaten

- 1 Handvoll Triebspitzen der Taubnessel
- Taubnesselblüten
- 3 Eier
- Salz und Pfeffer
- 1 EL Butter
- Bergkäse

Taubnesseltriebspitzen waschen, trocken tupfen und klein hacken. Eier trennen. Eigelb mit etwas Pfeffer verquirlen, Eiweiß mit etwas Salz steif schlagen. Eiweiß und Kräuter unter das Eigelb heben. Butter in einer Pfanne erhitzen, Eimasse zugeben und bei reduzierter Hitze und geschlossenem Deckel stocken lassen. Omelette überklappen und auf einem Teller mit etwas geriebenem Bergkäse und einigen Taubnesselblüten anrichten.

Tipp

Ein Omelett lässt sich auch mit mehreren Wildkräutern der Saison zubereiten.

Obstsalat mit Wildpflanzenblüten

Obst klein schneiden und sofort mit Zitronensaft beträufeln, vermischen und mit dem Orangensaft eine halbe Stunde ziehen lassen. Eventuell mit Löwenzahnblüten-Sirup oder Honig süßen. Unmittelbar vor dem Servieren Blüten darüber streuen. Ein buntes, köstliches Dessert!

Tipp

Die Blüten vom Wiesenschaumkraut eignen sich aufgrund ihrer Schärfe nicht für dieses Rezept.

Zutaten

1 große Handvoll Blüten von Wildpflanzen (Taubnessel, Löwenzahnblüten ohne grüne Kelchblätter, Wiesenklee, Kriechender Günsel, Vergissmeinnicht, Gundermann …)
2 Äpfel
1 Birne
1 Banane
200 g Erdbeeren
Saft einer halben Zitrone
200 ml Orangensaft

Wildkräuter-Buttermilchshake

Zutaten

1 Handvoll Wildkräuter der Saison (Taubnessel, Löwenzahn, Brennnessel, Vogelmiere, Sauerampfer …)
1 Apfel
1 Birne
½ Banane
1 Spitzer Zitrone
500 ml Buttermilch

Wildkräuter waschen und grob schneiden. Obst klein schneiden. Obst, Kräuter und Zitronensaft in den Mixer geben und so viel Buttermilch zugeben, dass Obst und Kräuter bedeckt sind. Mixen und den Rest Buttermilch zugeben. Getränk in Gläser füllen, mit Taubnesselblüten dekorieren und genießen.

Tipp

Buttermilch kann auch durch Wasser ersetzt werden.

Knoblauchsrauke

Gewöhnliche Knoblauchsrauke,
Knoblauch- oder Lauchhederich
Alliaria petiolata
Kreuzblütler

Die zwei- bis mehrjährige Gewöhnliche Knoblauchsrauke kann je nach Standort wenige Zentimeter bis zu einem Meter hoch werden. Während die unteren Blätter rundlich-nierenförmig sind, ähneln die am unverzweigten Stängel sitzenden denen von Brennnesseln; sie sind herzförmig und stark gezähnt. Die Blätter riechen nach Knoblauch. Im ersten Entwicklungsjahr bildet sich eine Blattrosette, die auch im Winter grün ist. Im zweiten Jahr erscheint der bis zu 1 m hohe Blütenstand. Zu Anfang sitzen die weißen Blüten eng beieinander, bis zur Fruchtreife verlängert sich der traubenförmige Blütenstand um ein Beträchtliches. Während im unteren Bereich bereits schotenförmige Früchte vorhanden sind, können darüber noch Blüten stehen und an der Spitze sogar noch Blütenknospen.
Die Vermehrung erfolgt nicht allein über Samen, sondern auch lebhaft über unterirdische Ausläufer und Wurzelsprosse; daher kommt die Pflanze meist großflächig vor.

Vorkommen In Hecken und an Waldrändern. Auf nährstoffreichen, frischen Böden, Stickstoffzeiger.

Im Garten Im Halbschatten von Gehölzen, an Zäunen und in „wilden Ecken". Aufgrund ihrer vielseitigen Verwendung wurde die Knoblauchsrauke schon im Mittelalter als Gewürz- und Heilpflanze in den Gärten angebaut.

Blütezeit April bis Juni. Traubenförmiger Blütenstand mit weißen Blüten.

Fruchtreife Juni bis August. 6 cm lange, schotenförmige Früchte.

Sammelhinweis Grundblätter und Triebspitzen April bis Juni, am schmackhaftesten vor der Blüte oder Blätter der neu entwickelten Blattrosette im Sommer und Herbst; Geschmack leicht scharf und nach Knoblauch. Junge Blütentriebe und Blüten von Mai bis Juni; kresseartiger Geschmack. Grüne Schoten Mai bis Juli; würzig. Grüne Samen von Juni bis August; würzig, scharf. Zum Ernten der Samen werden die Pflanzen kopfüber in eine Tüte gesteckt, um so die reifen Samen herauszuschütteln und aufzufangen.

Verwertung Eine dem Knoblauch vergleichbare Würze. Blätter, Triebe und Blüten ungegart als Zutat zu Salaten, Kräuterquark und -butter. Die Blätter sind vor der Blüte am schmackhaftesten; sie lassen sich unverarbeitet gut einfrieren. Blüten als essbare Dekoration; grüne Samen als Gewürz; reife Samen wie Senfkörner verwendbar.

Verarbeitungshinweis Die Pflanze bevorzugt roh im Speiseplan verwenden, da sich das Aroma durch Erhitzen verflüchtigt. Warme Gerichte kurz vor dem Servieren mit der Knoblauchsrauke würzen.

Gesundheit Die Knoblauchsrauke wirkt unter anderem blutreinigend und harntreibend.

Knoblauchsrauken-Butter

Triebspitzen der Knoblauchsrauke fein hacken und mit einer Gabel unter die Butter rühren. Mit Salz abschmecken. Als Brotaufstrich verwenden.

Zutaten

einige Triebspitzen der Knoblauchsrauke (Blätter, Blüten und grüne Fruchtansätze)
250 g zimmerwarme Butter
Salz

Knoblauchsrauken-Öl

Knoblauchsrauke waschen, trocken tupfen und grob zerrupfen. Kraut in ein Schraubglas geben, mit Öl übergießen. Das Kraut muss vollständig mit Öl bedeckt sein. Den Ansatz etwa 1 bis 2 Wochen an einem dunklen Ort ruhen lassen. Als Salatsoße oder zum Marinieren von Grillfleisch verwenden.

Zutaten

1 große Handvoll Blätter, Blüten und grüne Früchte der Knoblauchsrauke
mildes Öl wie Sonnenblumen- oder Rapsöl

Tipps

In Öl eingelegte grüne Schoten ergeben ein delikates, eigenwilliges Öl mit pfefferigem Knoblauchgeschmack.
Zum sofortigen Verbrauch kann eine Handvoll Knoblachsrauke mit Öl im Mixer fein püriert werden.

Rauken-Aufstrich

Sonnenblumenkerne in etwas Öl in der Pfanne leicht braun rösten, herausnehmen und hacken. Knoblauchsrauke fein hacken und mit den Sonnenblumenkernen und dem Frischkäse vermengen. Nach Bedarf mit Zitronensaft, Salz und Pfeffer abschmecken. Als Brotaufstrich verwenden.

Zutaten

1 Handvoll Triebspitzen der Knoblauchsrauke
200 g Frischkäse
2 EL Sonnenblumenkerne
einige Tropfen Zitronensaft
Salz und Pfeffer

Wildkräuterquark

Zutaten

2 Handvoll Blätter und Blüten von Wildkräutern der Saison (Knoblauchsrauke, Brennnessel, Gänseblümchen, Sauerampfer, Spitzwegerich …)
500 g Quark
100 g Joghurt
2 TL Öl
Salz und Pfeffer
1 TL Zitronensaft
einige Blüten von Wildkräutern der Saison

Kräuter waschen, trocken tupfen und mit den Blüten, Quark, Joghurt und Öl vermengen. Mit Salz, Pfeffer und Zitronensaft abschmecken. Mit einigen Blüten bestreuen.

Tipp

Etwa 150 g der Quarkmasse durch Hüttenkäse ersetzen.

Knoblauchsrauken-Quark

Zutaten

1 große Handvoll Blätter der Knoblauchsrauke
200 g Speisequark
2 EL saure Sahne
1 Spritzer Zitronensaft
1 gestrichener TL mittelscharfer Senf
1 Prise Zucker
Salz und Pfeffer

Blätter waschen, trocken tupfen und hacken. Quark mit saurer Sahne, Senf und Zitronensaft verrühren, mit Zucker, Salz und Pfeffer abschmecken. Als Brotaufstrich oder zu Pellkartoffeln.

Wildkräuterpaste

Je nach Saison, Lust, Laune und Geschmack kann die Paste aus einzelnen Kräutern oder aus den unterschiedlichsten Wildkräutermischungen hergestellt werden.

Blätter der Kräuter waschen, gründlich trocken tupfen oder schleudern und mit den ungewaschenen Blüten klein hacken. Mit Öl zu einer Paste verarbeiten und mit Salz abschmecken. Die Kräuter können auch mit dem Öl und Salz im Mixer püriert werden. Paste in kleine Gläschen füllen, verschließen und im Kühlschrank aufbewahren. Sowohl nach dem Einfüllen als auch nach Entnahme sollte darauf geachtet werden, dass die verbleibende Paste im Glas immer mit Öl bedeckt ist, wenn nicht, etwas Öl nachfüllen. Die Wildkräuterpaste hält sich im Kühlschrank mindestens 14 Tage. Sie kann als würziger Aufstrich direkt aufs Brot oder über Quark- oder Frischkäsebrote gestrichen werden. Auch zum Backen von würzigem Brot einsetzbar.

Zutaten

3 Handvoll Blätter und Blüten von Kräutern der Saison
Pflanzenöl
Salz

Knofibrot

Radieschen waschen und in Scheiben schneiden. Knoblauchsraukenblätter waschen, trocken tupfen und hacken. Brotscheibe dick mit Frischkäse bestreichen, Radieschenscheiben auflegen und mit Knoblauchsrauke bestreuen.

Zutaten

Blätter der Knoblauchsrauke
Radieschen
Frischkäse
Brotscheiben

Wildkräuter-Butterbrot

Brot mit Butter bestreichen und mit den gehackten Kräutern und Blüten bestreuen. Mit Blüten dekorieren.

Zutaten

1 Handvoll Wildkräuter und Blüten der Saison
Brotscheiben
zimmerwarme Butter
Salz und Pfeffer

Tipps

Verschiedene Wildkräuter und Blüten der Saison werden fein gehackt, mit etwas Salz und Pfeffer vermengt und auf ein Holzbrett oder einen Teller verteilt. Butterbrote hineindrücken und genießen!
Butter durch Frischkäse ersetzen.

Wildkräutersalat

Kräuter waschen und trocken tupfen. Salat waschen, trocken schleudern und auf Tellern portionsweise anrichten. Mit Wildkräutern bestreuen. Mit Essig und Öl oder einer anderen Salatsoße nach Geschmack beträufeln. Mit Salz und Pfeffer abschmecken und mit Blüten bestreuen.

Zutaten

1–2 Handvoll Wildkräuter und Blüten der Saison (Knoblauchsrauke, Löwenzahn, Taubnessel, Sauerampfer, Spitzwegerich, Gundermann, Wiesenschaumkraut, Gänseblümchen, Günsel …)
1 Kopf Salat (Kopf-, Eisberg-, Romasalat …)
Essig und Öl
Salz und Pfeffer

Knoblauchsrauken-Tomatensalat

Zutaten

1 Handvoll Blätter der Knoblauchsrauke und einige andere Wildkräuter (Löwenzahn, Wiesenschaumkraut, Sauerampfer …)
4 Tomaten
1 Avocado
70 g mittelalter Gouda
2 EL dunkler Balsamico
3 EL Olivenöl
Salz und Pfeffer

Kräuter waschen, trocken tupfen und hacken. Tomaten, Avocado und Käse klein würfeln. Aus Essig und Olivenöl eine Salatsoße herstellen, mit Salz und Pfeffer abschmecken. Alle Zutaten miteinander vermengen.

Nudelsalat mit Knoblauchsrauke

Nudeln kochen und abkühlen lassen. Pinienkerne in der Pfanne rösten und abkühlen lassen. Kirschtomaten halbieren, Fetakäse würfeln, Oliven halbieren oder auch fein würfeln. Nudeln mit Oliven und etwas Olivenöl vermengen, Tomaten und Feta vorsichtig unterheben. Salat mit Salz und Pfeffer würzen. Knoblauchsrauke waschen, trocken tupfen, grob hacken und kurz vor dem Anrichten vorsichtig unter den Salat heben. Mit Pinienkernen bestreuen und servieren.

Tipp

Auch mit getrockneten Tomaten sehr schmackhaft.

Zutaten

- 2 große Handvoll Blätter der Knoblauchsrauke
- 500 g Nudeln
- 100 g schwarze, kernlose Oliven
- Olivenöl
- 250 g Kirschtomaten
- 200 g Fetakäse
- 1 Handvoll Pinien- oder Sonnenblumenkerne
- Salz und Pfeffer

Gefüllte Champignons mit Knoficreme

Zutaten

1 Handvoll Knoblauchsrauke
3 EL Sahne
100 g Fetakäse
Salz und Pfeffer
8 große Champignons
4 Cherrytomaten

Knoblauchsrauke waschen, trocken tupfen, grob schneiden und mit etwas Sahne im Mixer pürieren. Kräutersahne mit dem Fetakäse vermischen und mit Salz und Pfeffer abschmecken. Cherrytomaten halbieren. Ausgehöhlte Champignons mit der Kräutercreme füllen und eine Tomatenhälfte aufsetzen. Als Vorspeise oder Fingerfood servieren.

Tipp

Auch ausgehöhlte Tomaten lassen sich mit dieser Creme füllen und können dann mit einer Olive dekoriert werden.

Rauken-Gurken-Smoothie

Zutaten

1 Handvoll Triebe der Knoblauchsrauke
½ Salatgurke
250 ml Dickmilch oder Buttermilch
1 Spritzer Zitronensaft
Salz und Pfeffer

Knoblauchsrauke waschen und grob hacken. Gurke waschen und in Stücke schneiden. Kräuter, Gurke und Dickmilch mixen. Mit Salz, Pfeffer und Zitronensaft abschmecken.

Tipp

Einige Blättchen Gundermann oder einen Spritzer Tabasco zugeben.

Wiesenschaumkraut

Kuckucksblume
Cardamine pratensis
Kreuzblütler

Das Wiesenschaumkraut wird bis 60 cm hoch. Die Blätter sind unpaarig gefiedert, wobei die Grundblätter der wintergrünen Rosette rundliche, vergrößerte Fiederblättchen aufweisen; bei den Stängelblättern sind diese eher länglich. Dort, wo regelmäßig gemäht wird, sind häufig nur die Grundblätter ausgebildet. Die Pflanze vermehrt sich auch durch unterirdische Ausläufer und ist in der Lage, an den Grundblättern Brutpflänzchen auszubilden, die sich zu eigenständigen Pflanzen entwickeln. Aus den für Kreuzblütler typischen Blüten mit den 4 kreuzförmig angeordneten Blütenblättern bilden sich zur Fruchtreife bis zu 2 cm lange Schoten.

Vorkommen In Feucht- und Nasswiesen, auf Weiden und an Graben- und Wegrändern. Auf nährstoffreichen, frischen bis feuchten Böden.

Im Garten Im Rasen oder auf der Wiese. Hier kommt es aufgrund der Mahd meist nicht zur Ausbildung von Blüten- und Fruchtständen.

Blütezeit Von April bis Juni. Blasslila, blassrosaviolett bis weiße Blüten, von violetten Äderchen durchzogen.

Fruchtreife Juni bis Juli. Längliche Schoten.

Sammelhinweis Junge Blätter und Triebe vor allem vor der Blüte von April bis Mai; kresseartiger, scharfer Geschmack. Blüten-, Blütenknospen und noch grüne Fruchtstände von April bis Juni; ebenfalls kresseartiger Geschmack.

Verwertung Blätter und Triebe als Beigabe für Suppen, Gemüse, Salate oder Kräuterquark. Blüten als essbare Dekoration, aufgrund des intensiven Geschmacks für herzhafte Speisen wie Salate, Brote, Suppen.

Gesundheit Das Wiesenschaumkraut ist ein erfrischendes und anregendes Blutreinigungsmittel; es enthält zum Beispiel viel Vitamin C.

Wiesenschaumkraut-Blütenbutter

Zutaten

3 EL klein geschnittene Triebspitzen (Blüten und Blätter) vom Wiesenschaumkraut
250 g zimmerwarme Butter
1 Spritzer Zitronensaft
Salz und Pfeffer
1 Prise Zucker

Wiesenschaumkrautblüten fein hacken. Mit einer Gabel unter die Butter mengen. Mit Salz, Pfeffer, Zucker und einigen Tropfen Zitronensaft abschmecken.
Als Brotaufstrich oder wegen seines rettichartig-pfefferigen Geschmacks auch als Beigabe zu Fleisch geeignet, zum Beispiel kann ein Steak mit einer Scheibe Wiesenschaumkrautbutter belegt werden.

Tipp

In Klarsichtfolie zu einer Rolle formen, im Kühlschrank fest werden lassen. Zum Verbrauch Scheiben davon abschneiden.

Avocadocreme mit Schaumkraut

Zutaten

2 EL klein geschnittene Triebspitzen (Blüten und Blätter) vom Wiesenschaumkraut (und/oder Behaartem Schaumkraut)
Fruchtfleisch einer Avocado
1 Spritzer Zitronensaft
Salz und Pfeffer

Fruchtfleisch der Avocado mit einer Gabel zerdrücken und gleich mit dem Zitronensaft vermengen. Gewaschenes und trocken getupftes Schaumkrautgrün fein hacken und unter die Avocadocreme mengen. Mit Salz, Pfeffer und Zitronensaft abschmecken. Als Brotaufstrich verwenden.

Tipp

Auch mit Blättern, Trieben und Blüten vom Behaartem Schaumkraut oder vom Hirtentäschel zu empfehlen.

Spitzwegerich

Plantago lanceolata
Wegerichgewächs

Die langen, schmalen Blätter des Spitzwegerichs schießen in grundständiger Blattrosette wie Lanzen aus dem Boden. Sie weisen starke, parallel verlaufende Blattnerven auf. An bis zu 30 cm hohen, unbeblätterten Blütenstielen sitzen ährenförmige, dunkle Blütenstände. Diese setzen sich aus dicht zusammengedrängten, unscheinbaren Blütenknospen zusammen. Öffnen sich diese, erscheinen im Blütenstand von unten nach oben hin die weißen Staubbeutel, die um einige Millimeter aus den Blüten herausragen.
Verwandt mit dem Spitzwegerich ist der Breitwegerich (*Plantago major*) mit wesentlich breiteren Blättern. Auch dieser kann in der Küche verarbeitet werden.

Vorkommen Auf Wiesen, Weiden, in Wildkrautfluren, an Wegrändern und auf Brachflächen. Auf nährstoffreichen, etwas feuchten Böden.

Im Garten Im Rasen, auf der Wiese, im Gemüsebeet, an Wegen und in „wilden Ecken". Im Rasen kommt es aufgrund der Mahd meist nicht zur Ausbildung von Blüten- und Fruchtständen.

Blütezeit Mai bis Juli. Dunkle, unscheinbare Blütenköpfe mit auffälligen Staubbeuteln.

Sammelhinweis Junge Blätter aus der Mitte der Blattrosette von April bis Juni, nach der Mahd bis September; Geschmack herb-würzig, etwas bitter (Blätter der verwandten Arten schmecken milder). Nicht aufgeblühte Blütenstände, wenn noch keine Staubgefäße zu sehen sind, von Mai bis Juli; Geschmack wie Champignons, besonders in gegartem Zustand.

Verwertung Junge Blätter roh in geringen Mengen als Beigabe zu Salaten. Blätter, auch etwas ältere, gegart in Suppen und Gemüse. Mit milden Zutaten auch in größeren Mengen verarbeitbar. Junger Blütenstand als Champignonersatz roh in Salate oder gegart in Gemüsepfannen und Suppen.

Verarbeitungshinweis Bei rohem Verzehr der Blätter wird wegen der starken Blattnerven empfohlen, die Blätter quer in Streifen zu schneiden.

Gesundheit Der Spitzwegerich ist ein Erste-Hilfe- und Lungenkraut. Zerquetschte Blätter oder der Saft können zum Desinfizieren, zur Wundheilung oder zur Juckreizminderung von Insektenstichen eingesetzt werden. Das Kraut wirkt reizmildernd und schleimlösend bei Husten.

Spitzwegerich-Würzsalz I

Zutaten

1 EL Blätter und Blütenknospen
4 EL grobes Meersalz oder normales Haushaltssalz

Blätter vom Spitzwegerich waschen und trocken tupfen. Blätter und Blütenstände fein hacken und mit dem Salz im Mörser oder im Mixer vermengen. Bei etwa 30 bis 50 °C im Backofen etwa 3 bis 5 Stunden trocknen. Dabei die Backofentür mit einem eingeklemmten Holzlöffel einen Spalt geöffnet lassen.
In einem dunklen Glas mit Schraubverschluss aufbewahren. Zum Würzen von Suppen und Soßen, Fleischgerichten, Eier- und Quarkspeisen.

Spitzwegerich-Würzsalz II

Zutaten

etwa 20 Blätter vom Spitzwegerich
50 g Meersalz oder normales Haushaltssalz

Blätter an den Stielen zusammenbinden und an einem luftigen Platz aufhängen und trocknen lassen. Mit dem Wiegemesser möglichst fein zerkleinern und mit dem Salz vermengen. Wird das Kraut mit dem Salz zusammen im Mörser zerstoßen, entsteht ein Kräutersalz mit pulveriger Konsistenz.
In einem dunklen Glas mit Schraubverschluss aufbewahren. Zum Würzen von Suppen und Soßen, Fleischgerichten, Eier- und Quarkspeisen.

Spitzwegerich-Käse-Aufstrich

Blätter und Blütenknospen werden fein gehackt und mit Parmesan, Butter und eventuell mit etwas Öl zu einer gerade knetbaren, geschmeidigen Paste verarbeitet. Mit Salz abschmecken und mit Blütenknospen des Spitzwegerichs garnieren.

Tipp

Auch mit einer Mischung aus geriebenem Hartkäse (z.B. Greyerzer, Emmentaler und Parmesan) sehr schmackhaft!

Zutaten

10 Blätter und Blütenknospen vom Spitzwegerich
125 g geriebener Parmesan
125 g zimmerwarme Butter
Salz und Pfeffer
evtl. etwas Öl

Spitzwegerich-Goudasalat

Zutaten

etwa 100 g Blätter vom Spitzwegerich
500 g mittelalter Gouda in Scheiben
1 Zwiebel
4 EL Öl
1 EL Weißweinessig
1 EL Zitronensaft
1 EL Mineralwasser
Salz und Pfeffer
Honig

Spitzwegerich waschen, trocken tupfen und in etwa 1 cm breite Abschnitte schneiden, Käsescheiben aufeinanderlegen, in etwa 1 x 1 cm große Rechtecke schneiden und diese auseinanderzupfen. Zwiebel fein hacken. Aus den restlichen Zutaten eine Marinade zubereiten, mit Salz, Pfeffer und Honig abschmecken. Alles miteinander vermengen.

Spitzwegerich-Pfannkuchen

Blütenknospen fein hacken. Mehl in eine Schüssel geben. Milch, Eigelb und Salz verquirlen und langsam unter Rühren in das Mehl einrühren. Eiweiß zu Eischnee schlagen und unter die Eigelbmehlmasse heben. Spitzwegerich unterheben und mit Öl zu 2 Pfannkuchen ausbacken. Mit Salat servieren.

Zutaten

- 1 Handvoll Blütenknospen vom Spitzwegerich (etwa 100 g)
- 250 ml Milch
- 2 Eier
- ½ TL Salz
- 100 g Mehl
- Öl

Spitzwegerich-Karottengetränk

Spitzwegerich waschen, grob hacken und mit dem Joghurt und dem Karottensaft fein mixen.

Zutaten

- 1 Handvoll Spitzwegerich (Blätter und/oder Blütenknospen)
- 250 ml Joghurt oder Dickmilch
- 250 ml Karottensaft
- 1 Spritzer Tabasco

Wiesenklee

Wiesenklee, Rotklee
Trifolium pratense
Schmetterlingsblütler

Der Wiesenklee ist einjährig bis ausdauernd und wird 10 bis 30 cm hoch. Jeder kennt die typischen dreiteiligen Kleeblätter. Die Pflanze bildet kräftige Rhizome aus, die bis zu 2 m tief in den Boden eindringen können. Die für die Familie der Schmetterlingsblütler typischen, am Grunde zu einer Röhre verwachsenen Blüten sind rötlich und duften stark nach Honig.
Der verwandte Weißklee (*Trifolium repens*), der besonders gern auf Rasenflächen wächst, lässt sich wie der Wiesenklee verwenden, ist allerdings nicht ganz so wohlschmeckend

Vorkommen Auf Wiesen, Weiden und an Wegrändern. Auf frischen, nährstoffreichen Böden.

Im Garten Im Rasen, auf der Wiese und in „wilden Ecken". Im Rasen kommt es aufgrund der Mahd meist nicht zur Ausbildung von Blüten- und Fruchtständen.

Blütezeit Juni bis September. Kugelförmige Blütenstände aus kleinen, roten Einzelblüten.

Sammelhinweis Blätter und junge Triebe von April bis Juni; mild-würziger Geschmack. Blüten von Juni bis September, honigsüß duftend; Geschmack etwas süß und nussig. Vormittags sammeln, um den Hummeln und anderen Insekten zuvorzukommen. Blütenköpfchen sollten noch keine braunen Blüten aufweisen.

Verwertung Blätter als Beigabe zu Salaten, Gemüse oder Suppen. Aus den Blütenköpfchen gezupfte Einzelblüten als essbare Dekoration für Salate, Brote oder Gemüsegerichte.

Gesundheit Der Wiesenklee gilt als Hausmittel gegen Husten.

Kleeblüten-Butter

Zutaten

1 Handvoll Blütenköpfchen vom Wiesenklee
250 g zimmerwarme Butter
1 Prise Salz
1 Prise Zucker
1 Spritzer Zitronensaft

Blüten aus den Blütenköpfchen zupfen, klein hacken und unter die Butter rühren. Salz, Zucker und Zitronensaft untermengen und in kleine Gefäße füllen.

Tipps

Zur Dekoration von Büfetts Blütenbutter mit Eislöffeln zu Halbkugeln formen und kühl stellen.
Butter in Folie zu einer Rolle formen, kühl stellen, in Scheiben schneiden und dekorativ anrichten.

Vergissmeinnicht

Acker-Vergissmeinnicht
Myosotis arvensis
Raublattgewächs

Das Vergissmeinnicht ist in der Regel einjährig, mitunter zweijährig anzutreffen. Das von unter her verzweigte Kraut wird 10 bis 40 cm hoch. Typisch für diese Pflanzenfamilie ist die raue Behaarung der ganzen Pflanze. Die wechselständigen Blätter sind spatelförmig und treten im unteren Bereich gehäuft auf; sie erinnern an Mäuseohren (griech.: *myos* = Maus, *otos* = Ohr).
Es gibt zahlreiche verwandte Vergissmeinnichtarten, zum Beispiel Sumpf- oder Alpen-Vergissmeinnicht. Die beliebten, reich- und großblütigen Gartenformen sind aus dem zweijährigen Wald-Vergissmeinnicht entstanden.

Vorkommen Auf frischen Äckern, Schuttfluren und Brachflächen. Auf lehmigen, kalkarmen Böden.

Im Garten In Stauden- und Gemüsebeeten. Es heißt: „Wer einmal Vergissmeinnicht im Garten hat, besitzt es für immer, denn es samt sich reichlich aus."

Blütezeit April bis Oktober. Blütenstand in blattlosen Wickeln. Farbspektrum der Blüten von hellrosa bis blau.

Sammelhinweis Blüten von April bis Oktober.

Verwertung Blüten als essbare Dekoration. Die Blüten aller mitteleuropäischen Vergissmeinnichtarten sind essbar.

Wichtig Im Vergissmeinnicht kommen in geringer Konzentration schwach giftige Alkaloide vor. Daher sollten Vergissmeinnichtblüten nicht in größeren Mengen verzehrt werden.

Wildkräuter-Blütensalat

Zutaten

1-2 Handvoll Blätter und Blüten von Wildkräutern der Saison (Vergissmeinnicht, Löwenzahn, Taubnessel, Gänseblümchen, Gundermann, Knoblauchsrauke, Wiesenschaumkraut, Günsel, Sauerampfer …)
1 Kopf Salat (Kopf-, Eisberg-, Romasalat …)
Essig und Öl
Salz und Pfeffer

Kräuter, nicht die Blüten, waschen und trocken tupfen. Salat waschen, trocken schleudern und mit den Wildkräutern vermengen. Nach Geschmack Essig und Öl darüber gießen und mit Salz und Pfeffer abschmecken. Blüten über den Salat streuen und anrichten.

Tipp

Alternativ eine Salatsoße nach Geschmack anrichten und über den Salat geben.

Blütendeko

Mit den Blütenständen vom Vergissmeinnicht lassen sich Butterbrote, aber auch Desserts, Kuchen und Getränke zu optisch ausgefallenen Besonderheiten dekorieren. Der neutrale Geschmack der Blüten macht sie nach Belieben einsetzbar.

Zutaten

Blütenstände vom Vergissmeinnicht
Butter- oder Knäckebrote

Blüten-Eiswürfel

Eiswürfelschalen zur Hälfte mit Wasser füllen, Blüten darin verteilen und in die Gefriertruhe stellen. Gefrieren lassen. Schale bis obenhin mit Wasser auffüllen und wiederum ins Eisfach stellen. Ergibt dekorative Blüten-Eiswürfel.

Tipp

Auch andere Blüten wie Gundermann, Taubnessel, Gänseblümchen oder Wiesenklee eigenen sich zur Herstellung von Blüten-Eiswürfeln und sind der Hingucker auf jeder Party!

Zutaten

einige Blütenköpfchen vom Vergissmeinnicht
Wasser

Braunelle

Echte Braunelle, Gewöhnliche Braunelle
Prunella vulgaris
Lippenblütler

Die Echte Braunelle kann von wenigen Zentimetern bis über 30 cm hoch werden. Lange oberirdische Ausläufer sind dafür verantwortlich, dass der Flachwurzler dort, wo er sich einmal angesiedelt hat, meist in größeren Beständen auftritt. Die Stängel sind häufig rötlich bis bräunlich überlaufen. An ihnen sitzen die eiförmigen bis elliptischen, gestielten Blätter, die sich im unteren Bereich des Stängels rosettenartig nähern. In milden Wintern bleibt die Pflanze grün.

Vom Frühsommer bis in den Herbst erscheinen die ährenartigen Blütenstände, in denen sich im Gegensatz zum ähnlich aussehenden Kriechenden Günsel außer den Tragblättern keine Blätter befinden. Unmittelbar unter dem Blütenpaar schließt jedoch ein ungestieltes Blattpaar an.

Die einzelnen Blüten weisen helmartige Oberlippen und behaarte Unterlippen auf. Im Blütenstand stehen jeweils 6 Blüten quirlförmig um den Stängel, wobei 3 davon über einem gemeinsamen Tragblatt stehen.

Die in Mittel- und Süddeutschland auftretende Großblütige Braunelle (*Prunella grandiflora*) ist im blühenden Zustand wegen der viel größeren Blüte von der Gewöhnlichen Braunelle zu unterscheiden. Unmittelbar unter dem Blütenstand ist kein Blattpaar vorhanden.

Vorkommen Auf Wiesen und Weiden, an Weg-, Wald- und Heckenrändern. Auf frischen, nährstoffreichen Böden.

Im Garten Im Rasen und auf der Wiese. Sehr gute Schnittverträglichkeit; trotz Mahd sind häufig im Rasen auch blühende Pflanzen zu finden, dann jedoch mit sehr kurzem Blütenstand.

Blütezeit Mai bis September. Ährenartiger Blütenstand mit quirlförmig angeordneten, blauvioletten Blüten.

Sammelhinweis Blätter und junge Triebspitzen von April bis Mai. Junge Blütenstände und Blüten von Mai bis September. Ganze Pflanze herb-aromatisch.

Verwertung Blätter und Triebspitzen aufgrund des herben, aromatischen Geschmacks zum Würzen von Kräuterquark und -butter, Salaten, Smoothies, Gemüse und Suppen. Blüten als essbare Dekoration auf Salaten, Broten oder Dessert.

Verarbeitungshinweis In erster Linie ein Würzkraut.

Blütenlimonade

Zutaten

2 Handvoll Blüten der Braunelle und von anderen Blütenpflanzen der Saison (Gänseblümchen, Löwenzahn ohne grüne Kelchblätter, Taubnessel, Vergissmeinnicht, Wiesenklee, Gundermann ...)
500 ml klarer Apfelsaft
Saft von 1 Zitrone
500 ml Mineralwasser

Blüten in den Apfelsaft geben und mit den Händen kräftig zerquetschen. Einige Stunden kühl stellen. Limonade abseihen, Zitronensaft und einige frische Blüten zugeben. Kurz vor dem Servieren mit Mineralwasser aufgießen.

Gänsefuß

Weißer Gänsefuß, Melde
Chenopodium album
Gänsefußgewächs

Der Weiße Gänsefuß ist einjährig und kann bis über 1 m hoch werden. Dort, wo diese Pflanze wächst, ist meist viel Stickstoff im Boden vorhanden. An den häufig rötlich überlaufenen Stängeln wachsen die eiförmigen, dreieckigen bis rhombischen Blätter. Sie sind im jungen Zustand grün, später bläulich bereift und sehr formenreich. Sie ähneln dem Abdruck eines Gänsefußes. Aufgrund weißer Blasenhaare sehen die Blätter wie mit Mehl bestäubt aus. Sie fühlen sich leicht feucht und fettig an. Erst im Sommer erscheinen die kleinen, weißlich grünen, dicht beieinanderstehenden, kugeligen Blütenknöpfchen.

Der Weiße Gänsefuß ist im Volksmund als „Melde" bekannt. Er sieht der Spreizenden Melde (*Atriplex patula*) recht ähnlich, die ebenfalls als Wildgemüse verwertbar ist.

Vorkommen Auf Äckern, Brach- und Schuttflächen. Auf nährstoffreichen Böden, Stickstoffzeiger.

Im Garten In Stauden- und Gemüsebeeten und in „wilden Ecken". Eng verwandt mit der Spreizenden Melde ist die Gartenmelde (*Atriplex hortensis*); die alte Bauerngartenpflanze wird heute jedoch nur noch selten angebaut.

Blütezeit Juli bis Oktober. Dicht gedrängt zusammenstehende, grünlich weiße Blütenknäuel.

Sammelhinweis Blätter und junge Triebe von April bis September, im Frühjahr vor der Blüte am schmackhaftesten; der Geschmack ist spinatähnlich, im Alter leicht bitter. Junge Blütentriebe von Juli bis Oktober; nussähnlicher Geschmack.

Verwertung Blätter roh vor allem im Frühjahr als Beigabe zu Salaten und Smoothies; gegart als Beigabe zu Gemüse, Aufläufen und Suppen. Sehr schmackhaft in Kombination mit Sauerampfer. Junge Blütentriebe roh in Salaten.

Gesundheit Der Weiße Gänsefuß weist zahlreiche wertvolle Mineralstoffe und Vitamine auf.

Wichtig Melde enthält wie Spinat in geringen Mengen Oxalsäure und sollte daher nicht in großen Mengen verzehrt werden!

Knäckebrot mit Melde

Blütenstände der Melde fein abrebeln und eventuell fein hacken. Auf ein mit Frischkäse bestrichenes Knäckebrot streuen und nach Belieben mit Salz und Pfeffer abschmecken. Brotbelag mit nussigem Geschmack!

Zutaten

Blütenstände der Melde
Knäckebrot
Frischkäse
Salz und Pfeffer

Pfannkuchen mit Meldefüllung

Die gewaschenen Blätter vom Weißen Gänsefuß trocken tupfen und in der Pfanne in heißer Butter kurz zusammenfallen lassen. Sahne zugeben und bei geringer Hitze 5 bis 8 Minuten köcheln lassen. Die Füllung würzen und den Käse unterheben.
Milch, Eigelb und Salz verquirlen und langsam unter Rühren in das Mehl einrühren. Eiweiß zu Eischnee schlagen und unter die Eigelbmehlmasse heben. Dünne Pfannkuchen backen, die Meldemasse darauf verteilen und einrollen. Dazu passt ein frischer Salat.

Tipp

Zu Pfannkuchen mit Meldefüllung Tomatensoße servieren.

Zutaten

250 ml Milch
2 Eier
½ TL Salz
100 g Mehl
Öl
Zutaten Füllung
400 g Blätter vom Weißen Gänsefuß
4 EL Butter
8 EL Sahne
4 EL geriebener Hartkäse
Salz und Pfeffer
Muskat

Knopfkraut

Behaartes Knopfkraut, Zottiges Knopfkraut
Galinsoga ciliata
Korbblütler

Das einjährige Behaarte Knopfkraut wird an manchen Standorten nur 10 cm hoch, anderenorts erreicht es Höhen von bis zu 80 cm, im Schnitt 20 bis 30 cm. Es ist vom Grunde an reich verzweigt und weist oben am Stängel eine auffällig abstehende, borstige Behaarung auf. Die gegenständigen Blätter sind grob gezähnt. Aufgrund der Frostempfindlichkeit keimt das Knopfkraut in unseren Breiten erst im Mai, trotzdem gibt es bis zu 3 Generationen im Jahr. Die Blütenköpfchen weisen gelbe Röhrenblüten und fünf weiße Zungenblüten mit dreilappigem Rand auf.

Leicht zu verwechseln ist das Behaarte Knopfkraut mit dem verwandten Kleinblütigen Knopfkraut (*Galinsoga parviflora*), auch Franzosenkraut genannt. Es ist weniger stark behaart und weist feiner gezähnte Blätter auf. Es gibt zahlreiche Bastarde zwischen den beiden Verwandten. Alle sind gleichermaßen essbar.

Vorkommen Auf Äckern, Schuttplätzen und in kurzlebigen Wildkrautfluren. Auf nährstoffreichen, frischen Böden, Stickstoffzeiger.

Im Garten In Stauden- und Gemüsebeeten, in „wilden Ecken" und zwischen Pflastersteinen.

Blütezeit Mai bis Oktober. Gelbe Röhrenblüten und fünf weiße Zungenblüten mit dreilappigem Rand.

Sammelhinweis Blätter und Triebspitzen von Mai bis September, am schmackhaftesten vor der Blüte; mild-würziger Geschmack, ähnlich Salat. Blüten von Mai bis Oktober.

Verwertung Blätter und junge Triebe als Beigabe für Salate, Smoothies, Brote und Suppen. Blütenköpfchen wie die vom Gänseblümchen als essbare Dekoration.

Gesundheit Knopfkräuter weisen zahlreiche wertvolle Inhaltsstoffe auf, vor allem einen relativ hohen Eisengehalt.

Knopfkraut-Pesto

Zutaten

2 große Handvoll Blätter oder junge Triebe vom Knopfkraut
2–3 Knoblauchzehen
50 g Cashewkerne
1 getrocknete Tomate
50 g geriebener Parmesan
etwa 100 ml Olivenöl
½ TL Salz

Knoblauchzehe, Cashewnüsse und Tomate fein hacken. Alle Zutaten miteinander vermengen und mit dem Mixstab pürieren. Zu Nudeln oder als Brotaufstrich.

Knopfkraut-Salat

Zutaten

1 kleine Schüssel junge, saftige, nicht blühende Triebe vom Knopfkraut
1 kleiner Kopf Salat
4 EL Zitronensaft
3 EL Honig
5 EL Olivenöl
Salz und Pfeffer

Zitronensaft, Honig, Salz und Pfeffer miteinander verrühren, Öl zugeben. Gewaschenen Salat und gewaschenes Knopfkraut trocken schleudern, etwas zerkleinern und mit dem Dressing beträufeln.

Literaturverzeichnis

Düll, Ruprecht / Kutzelnigg, Herfried (2022): Die Wild- und Nutzpflanzen Deutschlands - Vorkommen – Ökologie – Verwendung. 9. Auflage, Quelle & Meyer Verlag, ca. 952 S.

Fleischhauer, Steffen Guido, Guthmann, Jürgen & Spiegelberger, Roland (2015): Essbare Wildpflanzen. 200 Arten bestimmen und verwenden. AT Verlag, 256 S.

Oftring, Bärbel (2020): Wird das was oder kann das weg? Erwünschte und unerwünschte Gartenpflanzen erkennen. 2. Auflage, Franckh-Kosmos Verlag, 160 S.

Tubes, Gisela (2023): Kostbare Wildpflanzen für Gesundheit und Küche. Sicher sammeln – gekonnt verwenden. 3., durchgesehene Aufl., Quelle & Meyer Verlag, 368 S.

Tubes, Gisela (2017): Die giftigsten Pflanzen Deutschlands. Kennzeichen – Standorte – Wirkung. 1. Auflage, Quelle & Meyer Verlag, 223 S.

Bestimmungsbücher

Spohn, Margot, Golte-Bechtle, Marianne & Spohn, Roland (2021): Was blüht denn da? Kosmos Naturführer. Das Original. Franckh-Kosmos Verlag, 1. Edition, 496 S.

Lüder, Rita (2020): Grundkurs Pflanzenbestimmung. Eine Praxisanleitung für Anfänger und Fortgeschrittene. 9., korrigierte und aktualisierte Auflage, Quelle & Meyer Verlag, 552 S.

Schmeil, Otto & Fitschen, Jost (2019): Die Flora Deutschlands und angrenzender Länder: Ein Buch zum Bestimmen aller wildwachsenden und häufig kultivierten Gefäßpflanzen. 97., überarbeitete und erweiterte Auflage, Quelle & Meyer Verlag, 1024 S.

Register der Rezepte nach Pflanzenarten

Register der Rezepte nach Art der Speisen und Getränke

Kleine Speisen

Hauptgerichte und Beilagen

Süße Aufstriche, Desserts und Co.

Backwerk

Alkoholfreie Getränke

Alkoholhaltige Getränke

Kalender der Sammelzeiten

- Blätter und Triebe
- Blüten
- Früchte und Samen
- Wurzeln und andere unterirdische Pflanzenteile

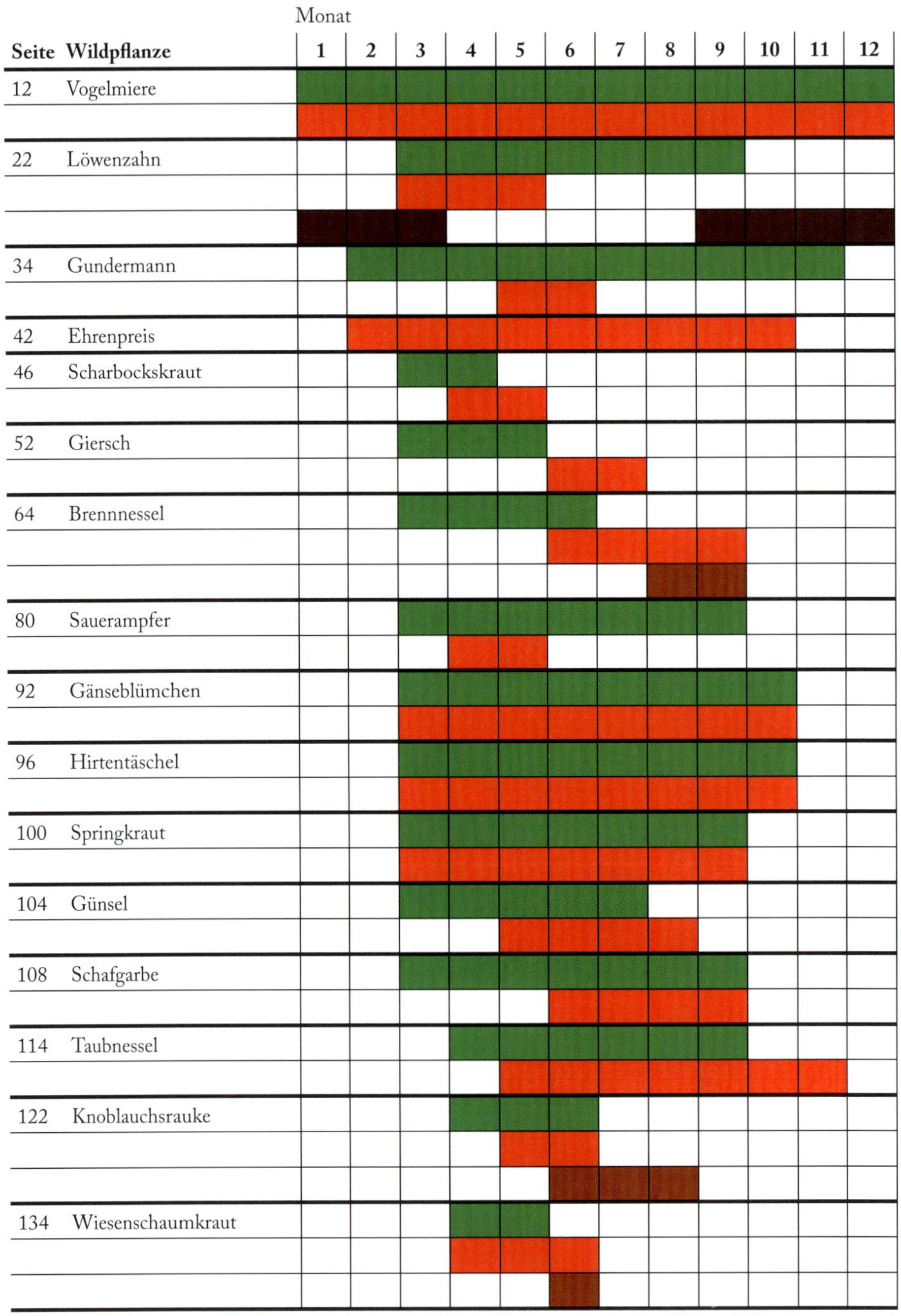

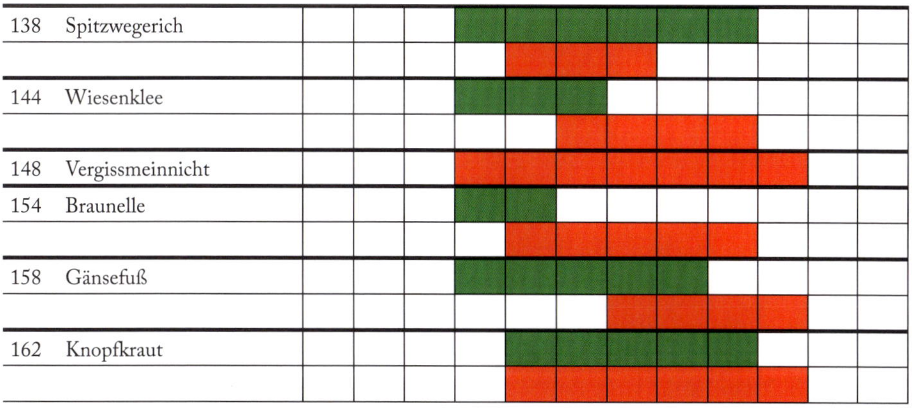
138 Spitzwegerich
144 Wiesenklee
148 Vergissmeinnicht
154 Braunelle
158 Gänsefuß
162 Knopfkraut

Die Autorin

Gisela Tubes hat an der Westfälischen Wilhelms-Universität in Münster Diplom-Landschaftsökologie studiert und lebt seit 1989 in Detmold. Sie arbeitet als Kulturvermittlerin im LWL-Freilichtmuseum Detmold und ist als Autorin für Zeitungen, Zeitschriften und öffentliche Institutionen tätig. Ihr Schwerpunkt liegt dabei auf ökologische Themen, vor allem der Wildpflanzenkunde. Zum Thema „Wildpflanzen in der Küche" bietet sie Kräuterwanderungen und Vorträge an.

Unsere wichtigsten Arzneipflanzen

Zwei Drittel der deutschen Bevölkerung wenden Naturheilmittel an. Umso wichtiger ist es, Nützliches und Wissenswertes über unsere bewährtesten Arzneipflanzen zugänglich zu machen.

Margot und Roland Spohn beschreiben in diesem Buch die 41 wichtigsten Arzneipflanzen und informieren darüber, bei welchen Beschwerden und in welcher Form die Pflanzen angewendet werden. Dabei vergessen sie nicht, mögliche Nebenwirkungen und Risiken aufzuzeigen. Zu jeder Arzneipflanze erhalten die Leser Informationen zur Botanik, zum Lebensraum, zu den genutzten Pflanzenteilen, den Wirkstoffen, der medizinischen Wirkung sowie der Bedeutung in der Geschichte der Heilkunde.

Brillante Fotos von allen vorgestellten Arten und nützliche Hinweise zum Selbstanbau sowie ähnlichen Pflanzenarten runden diesen praktischen Ratgeber ab.

Margot Spohn/ Roland Spohn
Unsere wichtigsten Arzneipflanzen
41 Arten, die jeder kennen sollte
296 S., 560 farb. Abb., geb., 14,8 x 21 cm
ISBN 978-3-494-01779-2
Best.-Nr.: 494-01779

€ 14,95

Preisstand 2023. Änderungen vorbehalten. Preise zzgl. Versandkosten.

Quelle & Meyer Verlag GmbH & Co. • Industriepark 3 • 56291 Wiebelsheim
Tel.: 06766/903-140 • Fax: -320 E-Mail: vertrieb@quelle-meyer.de • **www.quelle-meyer.de**